忍者ってなんだ！

はじめに

　最初にどういう経緯でこの本を作ることになったかを話したい。私は自称現代忍者の忍者研究家だ。25年間忍者の聖地伊賀で研究して"Ninjalogy"という言葉を創った。この言葉の定義は戦国時代に忍者が編み出した忍術を現代に応用し生き残るための術だ。忍者は飛んだり跳ねたりする者ではなく情報収集発信の専門家だ。そのために常に自分自身のアンテナをあげ様々な情報を収集している。私は忍者研究のために薬草、毒草、食草の植物研究もしている。

　ある時SNSで美しい花を毎日アップしている人物がいた。遠藤進氏だった。メールのやり取りをして遠藤氏執筆の「高尾山の花名さがし」を送っていただいた。素晴らしい本だった。遠藤氏は八王子も忍者と関係があったという。そこで昨年に八王子を訪れ高尾山を案内していただき色々話をしあった。遠藤氏は植物だけでなく八王子の生き字引だった。また忍者のしたたかさも持っていた。

　私はこの出会いに感謝し、新しいコンセプトの忍者本を作ろうと意気投合して出来たのがこの本だ。議論が白熱して時にはケンカもした。しかし結局良い物を作りたいというお互いの気持ちと情熱がこの本を誕生させた。

　コンセプトは誰でも、何時でも、何処からでも読める忍者本。伊賀で忍者研究を続けて得た忍術の神髄をこの本で紹介ができた。この本を読み少しでもなるほどと思っていただければ私達の努力は報われるだろう。最後に表紙と扉のイラストを担当した矢島美幸さんには大変お世話になった。ここでお礼を申し上げる。

目　　次

1章　忍術編

忍術とは情報収集発信のためのもので、決して戦うためのものではない。それを理解してもらうために35の忍術を選んだ。しかも現代でも応用できる忍術もある。忍術の神髄をわかって欲しい。現代でも有益な情報を得ることは成功に繋がる。

1 狼煙
のろし

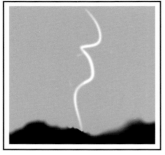

戦国時代の忍者が
使う携帯電話

　今は日本にいない狼であるが、狼の煙で「のろし」と読む。文献には「狼の糞を火の中に入れると煙がまっすぐ上がる」と記されている。　なぜ狼のウンコなのか。　それは骨にはリンが含まれているからだ。　狼は肉食だったので小動物などを骨も含め全て食べる。　糞の中にはリンや未消化の毛も含まれる。だからこそ乾かした狼の糞が発火材になるというわけだ。

　狼煙は「日本書紀」に「烽」と書かれ、大和朝廷がすでに使っていた。　戦国時代に甲斐の武田信玄[1]が狼煙でネットワークを創りあげた。「情報を制する者は成功する」。　戦国時代の携帯電話と言っていいだろう。

　「萬川集海」[2]に狼煙について多く書かれている。　狼煙をあげる3つのポイントがある。　まず狼煙は不完全燃焼で煙を出す。　次に場所が重要で確認者から見て背後に山があること。煙が白色、山が黒色、黒を背後に白の煙を映えさせるわけだ。　そして狼煙は朝にあげる。　朝の方が昼に比べ風が少なく狼煙に適するからだ。　このように忍者は情報をさまざまな手段で発信もしていた。

（1）戦国時代の武将、甲斐の守護大名。　越後の上杉謙信と5回川中島で戦った。
（2）延宝4年（1676）に藤林佐武次が編纂した忍術秘伝書の最高峰。

6

2 手裏剣
しゅりけん

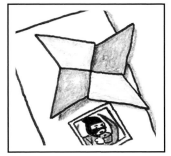

忍者は使っていなかった

　忍者と言えば手裏剣。手裏剣と言えば忍者。英語では「Ninja star」と呼ぶ。しかし、「実は忍者は手裏剣を使っていなかった」これが最近の忍者研究者の定説だ。手の裏に隠し、敵に悟られず、ここぞという時に放つ。いかにも忍者らしい武器[(1)]ではあるのだが。

　手裏剣は昭和の忍者ブームで映画、漫画、テレビで大もてであった。忍者の小道具としてテレビ番組のプロデューサー[(2)]が考えたという。手裏剣は忍者よりむしろ武術家が使ったと言えるだろう。それも棒手裏剣であり十文字手裏剣ではない。ましてや数枚の十字手裏剣を手のひらに重ねて、横向きにシュシュと使うなどあり得ない使い方だ。忍者漫画の世界だ。虚像の忍者に騙されないようにしなければならない。実像の忍者は情報収集がその主な仕事だ。戦うことは忍者の仕事ではない。

　他にも苦無を手裏剣のように使ったと言うが、これも嘘だ。苦無は地面を掘る道具だ。最後に手裏剣は「投げる」でなく「打つ」と言う。

(1) 銃砲刀剣類所持等取締法では所持について禁止していないが、6cmを超える場合は対象。
(2) 卍型の手裏剣は、テレビ時代劇「隠密剣士」で西村俊一氏が発案された（Wikipedia）。

3 撒菱
まきびし

忍者は逃げる時に使う、余れば食べる

　忍者は逃げるプロフェッショナル。手に入れた情報を確実に持って帰るために、あらゆる逃走するための術を使った。その一つに「撒菱の術」がある。

　菱とは水草植物である。菱の種子を忍者は逃走術として使った。鬼菱という種類の菱の実を乾燥させ、逃げる際にばらまく。鬼菱は4方向すべてが尖っている。2方向だけ尖っているヒシはよく見られ姫菱という。しかし、鬼菱は見つけるのがけっこう難しい。4本ある刺針の先端部から逆刺が両端に並び、水鳥の羽毛や羽に絡みつくと容易に外れず、菱の実は長距離に渡って運ばれる。[1]

　ところで撒菱は忍者だけが使ったものではなく、西洋でも使われカルトラップ[2]という。語源は「足への罠」といい、馬や人の足裏に怪我を負わせる目的の武器であった。中国でも使われていた。近年では車両のタイヤをパンクさせる目的で使うものもある。ちなみに菱は菱栗と呼ばれ塩茹すると栗のような味になる。[3]また葉が菱形なので「三菱」「四菱」は誰もが知っているだろう。

（1）ひっつきむしの仲間と考えていいかもしれない『ひっつきむしの図鑑　トンボ出版』
（2）英：cultrap, a plant of the genus。
（3）北九州地方では八百屋で売られている。

4 水蜘蛛
<ruby>水蜘蛛<rt>みずぐも</rt></ruby>

忍者は一つしか使わなかった

　忍者は様々な忍具を臨機応変に忍術に使っていた。「<ruby>萬<rt>まん</rt></ruby><ruby>川集海<rt>せんしゅうかい</rt></ruby>」では忍具は「登器、水器、開器、火器」の4つに分類される。それらは戦うための忍具ではなく、侵入・逃走・情報発信・情報収集のための忍具だ。

　水器で最も有名なものが水蜘蛛だろう。水蜘蛛で忍者が雪の上を歩く<ruby>橇<rt>そり</rt></ruby>のように水面を歩いたという。嘘だ。それは漫画や映画で創られたものだ。

　数年前民報番組のディレクター[(1)]が水蜘蛛について教えて欲しいと言われ、私と弟子で数日間かけて水蜘蛛を2つ作成した。その水蜘蛛で伊賀上野城の堀で実験することになった[(2)]。まだ3月の寒い時期だった。私自身が実験をするのは寒いし嫌だったので、彼に挑戦してもらった。結果は数秒で水没だった。当然のことながら2つ使うと左右に足が開いてしまい進むことは不可能である。

　水蜘蛛は浮き輪で一つだけ使うのが真実。両足に下駄のようなヒレをつけ、手はオールのように使い前進する。世の中には嘘の忍術が溢れている。くれぐれも<ruby>騙<rt>だま</rt></ruby>されないようにして欲しい。

（1）彼は水没した時にメガネをなくしてしまった。関西テレビ朝の番組に放映された。
（2）私はこの場所で2000年にも伊賀の霊峰中学校の生徒と実験した。

5 狸隠れ
たぬきがく

忍者は木に登り隠
れて逃走を成功

　逃走を成功させるには隠れることも重要だ。「隠れ」とは人目につかないこと。 外から見えない所という意味。 忍者は動物をよく観察して忍術を編み出した。 動物は生き残るために必死で隠れる。 その一つが「狸隠れ」だ。

　まず見る機会はないだろうが狸は木に登ることがある。 実は狸の先祖は森林で樹上生活を送っていたという。 意外と思うかも知れないが、 上手く隠れるためには「意外」という言葉がキーワードかもしれない。 敵に「まさか」と思わせるのが逃走の極意と言ってもいいだろう。

　他に狸は死んだふりをする習性もある。「狸寝入り」だ。 忍者も狸のように死んだふりをして敵を欺いた。

　狸と忍者の関係をもう一つ紹介する。 忍者と言えば伊賀と甲賀。「萬川集海」に伊賀・甲賀に十一人の隠忍がいたと記される。 滋賀県甲賀市信楽は「信楽焼」[1]という焼き物が有名だ。 信楽焼きは日本六古窯の一つに数えられ狸の陶器が代表だ。 実はここに2人の隠忍ノ上手がいた。 信楽の神山の太郎四郎、同太郎左衛門である。

（1）信楽地方から産出する陶器。 室町後期に茶道具として用いられた。
（2）神山で15年前に講演をして、そのお礼として狸の信楽焼きをいただいた。

6 狐隠れ
きつねがく

忍者は水中に潜み
匂いを消した

　私は伊賀で早朝に車の運転をする時、狸や狐をよく見かける。意識するとその動物がよく見える。意識しなければ外国人がみな同じ顔に見えたり、草も同じ緑の植物に見えてしまう。意識して観察することは忍者には重要だ。

　それゆえ一般人は狐や狸が存在しても普通は気づかないだろう。ところで轢かれた狸を見るが狐のものは見たことがない。狐が狸より用心深いということなだろう。[(1)]

　「狐隠れ」はどのような忍術なのか。狐は水中に潜むことがある。匂いを消すためだ。忍者は匂いに敏感であり匂いを残せばアウトだ。逃走の際に狐のように相手に居場所が見つからないために水中に潜む。

　また忍者は風の方向を常に意識していた。匂いを察知されないために自分の位置が風上か風下かは重要になる。それは時には生死にかかわってくるからだ。

　ちなみにインターネットに「嘘の狐隠れ」があった。「忍者は水中に身を隠し竹筒で呼吸する」竹筒を使い水中で呼吸などできない。溺れるのはあきらかだろう。[(2)] 水中に隠れる時は頭を草で覆いじっとするだけだ。

(1) 狐が車に轢かれてないのは伊賀の場合で、北海道では狐は車によく轢かれる。
(2) 水中で呼吸できるシュノーケルという専用の道具でさえ死亡事故がおきている。

7 忍刀
しのびがたな

忍者は刀を背負った
のか、ウソである

　忍者が刀を背負っているイラストをよく見かけるが、こ
れはウソである。 そもそも背負った刀を鞘から抜くことがで
きるのか、 半分も刀を抜けないだろう。 物理的に無理な
のである。 虚像の忍術が多くて困るものだ。

　それに忍者は戦闘要員ではなく、 情報収集が主の目
的であった。 それゆえ刀は邪魔であり通常より短く直刀で
あった。 忍者は刀本来の使い方以外に使用した。

　忍者はどのように刀を使ったのか。「萬川集海」に『下
げ緒七術』という忍術がある。 ７つの術があるが２つを
紹介する。 １つは「座探しの術」といい、 暗い場所に
忍び込んだとき、敵の有無を探る術だ。刀の先に鞘を引っ
かけ、 下げ緒を口にくわえ、 それをつり上げたような状
態にしてレーダーのように左右に振る。 先端に何かが触
れたとき、 鞘を落とし突き刺す術だ。

　もう一つは『釣り刀の法』。 塀を乗り越えるとき下げ緒
を口にくわえて、 立てかけた忍び刀に足をかけて登り、
上にあがった時、 下げ緒を引き上げる侵入術だ。 他にも
刀を様々に工夫して使っていた。

（1） 刃物の刀身の部分を収める筒。 材は厚朴（ほお）の木を最良とした。
（2） 忍者は泥棒と区別するために「正心」という言葉で主君のために行うと明言する。

8 鳥の子

忍者の十八番は108種類の火器

「萬川集海」には火器がなんと108種類も記される。狼煙や松明も記されている。火器は最も忍者らしい忍具と言っていいだろう。いわば忍者の十八番だ。(1)

忍者は様々な火器を臨機応変に使い分けた。その一つが「鳥の子」である。鳥の子は爆発時に大音響と煙が出る一種の煙幕弾だ。構造は鳥の子紙で張り固めた玉を作り中に火薬を詰め導火線を出しておく。鳥の子自体は卵を意味する。鳥の子紙は雁皮を主原料として漉いた優良紙のことだ。(2)

何度も言うが、忍者は戦うのが目的ではなく情報を持ち帰るのが仕事である。鳥の子は相手を殺傷する武器ではなく逃げる時の火器である。誰でも大きな音を聞くと驚くだろう。例えば年配男性のクシャミは大きく、手で口をふさがないので本当に驚いてしまう。今も昔も大きな音には人はたじろくのだ。

さらに煙が忍者の姿を隠す役目も担う。そして逃げる際に敵の虚をつく。逃げると思う逆の方向に逃げる。敵がその方向に行く間にまんまと逃げるのだ。

(1) もっとも得意とするもの。歌舞伎十八番を市川家が秘蔵芸としたことが由来だ。
(2) 雁皮樹皮の繊維が原料。紙面が滑らかで上品な和紙。緻密で光沢がある。

9 忍松明
しのびたいまつ

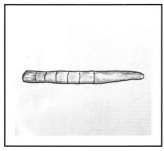

通常より強力な火力
で風雨の時に使う

　忍松明は特別な松明だ。　忍者は夜討ちを得意とした。
夜に忍び込む時は、　たとえ風雨でも実行し通常より強力
な松明が必要だった。それが忍松明と呼ばれるものであっ
た。「萬川集海」には色々な松明が取り上げられている。
『広辞苑』に松明は松の脂の多い部分または竹、　葦など
を束ね、　これに火を点じて屋外の照明用としたもの。　焚
き松が転じたもの、　とある。

　私の師匠澤村保昌先生は藤堂藩伊賀者の子孫であり、
三重大学名誉教授で植物学の先生でもあった。　先生の
屋敷に伺って忍者の話を聞きに行ったものだった。　広大
な庭を案内してもらった時、　屋敷裏に見慣れない灰色の
木材が積まれていた。　何かと尋ねると「肥松」だと言わ
れた。　初めて聞く言葉だった。

　肥松とは朽ちた松の根をいう。　根を掘り起こし木片にす
る。　根に油が含まれる。　松根油とも呼ばれ松明として使
えば最低2時間は火が持つ。　忍松明は竹筒に火薬を堅
く詰め肥松も筒の中に含まれていた。　忍者は試行錯誤を
繰り返し強力な火器を創り上げたのだろう。

(1) 津藩ともいう。　慶弔13年（1608）藤堂高虎が伊勢・伊賀両国で32万石。
(2) 松の根株を乾留して得る油。　太平洋戦争中、　日本で航空燃料の原料とした。

10 忍柿 しのびがき

火薬の保存にかか
せない信濃柿

　信濃柿という柿がある。　信濃だから長野の柿と思うかも
しれないが中国から伝わった柿だ。　日本で一番小さい柿
である。　マメガキ、ブドウガキとも呼ばれ人の小指の先く
らいの大きさしかない。

　日本には190種の柿があるといわれる。　食用だけでな
く渋用の柿があり、効用は防虫、防腐、防水、接着、
強化などあり様々な用途で渋を使ってきた。　信濃柿はタ
ンニン(1)が多い特別な渋柿である。

　忍者は主に火薬を保存する防湿紙、渋紙を作った。
火薬は湿らせないように渋紙で細心の注意を払い保存し
た。　伊賀川東にある澤村家の庭には樹齢400年を越える
信濃柿がある。　30年前に澤村保昌先生が話してくれた。
壺にまだ青い信濃柿を入れ渋を採ったという。

　信濃柿は三倍体で種がないので接ぎ木(2)でしか増えない
そうだ。　伊賀では澤村家を含め三箇所しか見たことがな
い。　信濃柿は熟すと渋柿同様に食べられる。　けっこう美
味しい。　華道の花材にも使われる。　この柿を「忍者柿」
として販売すればビジネスになると思うのだが。

(1) 芳香族化合物の総称。皮なめし材、インク、染料の原料。
(2) 生物用語、基本数3倍の染色体をもつ。優性生殖では系統を維持できない。

11 猫 (ねこ)

忍者のお気に入り
で時計にもなった

　猫は身体が柔軟で屋根から飛び降りる時も身体を捻り安全に着地する。　忍者には参考になっただろう。　猫は夜行性の動物なので昼はよく寝ている。　忍者も昼に寝る。夜の活動が多いからだ。　猫と共通点がある。

　忍者は猫がお気に入りだったようだ。　忍者は敵の屋敷を探るために長い間、床下などで忍び込んでいると時間が分からなくなってしまう。　その時に忍者は猫を探した。猫を見れば時刻がわかったからだ。　忍術書「萬川集海」に猫の瞳(ひとみ)は明るい所では細く、暗い所では丸くなるとある。　猫は忍者にとって時計だった。

　木天蓼(またたび)(1)が猫の大好物で葉や蔓(つる)を嗅(か)がすと猫は酔ったような状態になる。　果実には２種類あり、通常の細長いものと虫瘤(むしこぶ)(2)のものがある。　後者には薬効があり食べれば「また旅ができる」という俗説がある。

　忍者は猫の好物を知っていたので猫を観察できたのだろう。　敵、味方に拘わらず相手の好物を知るのことは情報収集する時に重要なものになる。　好物はある意味、弱点にもなり得るのだ。

(1)　マタタビ科蔓性落葉低木。夏に葉面半分が白く変わるのは虫を呼ぶため。
(2)　虫えい。植物体に昆虫が散乱・寄生したため異常発育をした部分をいう。

12 犬 _{いぬ}

忍者には危険動物、
吠えられるとアウト

忍者は犬が嫌いだったようだ。忍者自身が犬と呼ばれた。辞書には犬の説明の一つに「密かに人の隠し事を嗅ぎつけ告げる者。まわし者。間者」と記される。

「逢犬術_{おうけんじゅつ}」という忍術は犬というやっかいな動物と出会った時のマニュアルだ。例えば「合犬の法」という忍術はなかなか興味深い。忍び込む際に犬に吠_ほえられるとその時点でアウトになる。そこで「目には目、歯には歯」という言葉のように「犬には犬」。忍び込む家の番犬が雌なら雄犬、雄なら雌犬を連れていく。すると人の存在を忘れて吠えなくという。確かに人もそうだろう。女はイケメン、男は美人に弱い。

他にもあらかじめ忍び込む家の下見で番犬がいた場合、馬銭_{まちん}という毒入り餌_{えさ}を与え、その犬を弱らせるか殺す。馬銭はマチン科の常緑高木、種子に猛毒アルカロイドのストリキニーを含む毒草だ。忍犬が漫画に登場する。『銀河―流れ星銀―』⁽²⁾は有名だ。面白かった。しかし残念ながら、そのような伊賀の忍犬は実際には存在しなかった。

(1) バビロン王が制定した最古の法典。1901年イランで発見された。
(2) 『週刊少年ジャンプ』で連載された高橋よしひろの犬の忍者漫画。

13 猿 (さる)

忍者が憧れた動物、
名前にも入れた

　「猿と忍者」と言えば、猿飛佐助を頭に浮かべる人が
いるだろう。 佐助は講談などに登場する架空の忍者だ。
真田幸村(さなだゆきむら)に仕える真田十勇士の一人。 真田幸村につ
いては実在した武将である。 大坂夏の陣で徳川家康を追
いつめ活躍したという。 猿飛佐助は昭和30年代に映画、
漫画、テレビ等で人気を博(はく)した。

　実は佐助のモデルが伊賀にいた。「萬川集海」にあ
げられる11人の忍術名人の1人「下柘植(しもつげ)ノ木猿・小猿」。
猿を自らの名前に入れるほど猿に憧れていたのだろう。
猿のように木から木へと飛び移る技も猿を観察して修得し
たのであろう。 木猿・小猿の関係については、親子か、
兄弟と考えられる。

　伊賀には「猿野(ましの)」という地名がある。「ましら」は昔の
猿の呼び名であった。 猿がいた野なので猿野という地名
になった。 猿野に「さるびの温泉」というヌメッとした泉
質で肌がツルツルになると評判の温泉がある。 伊賀に来
たらぜひ訪れて欲しい。 また、猿野にはかって大猿がい
たという伝承がある。

（1）真田信繁。豊臣方武将で立川文庫に猿飛佐助を率いて庶民に広く知られる。
（2）1999年、旧大山田村が設置した温泉施設。伊賀市上阿波にある。

14 茶

忍者は茶を研究して忍術に応用

　忍者は茶をどのように扱っていたのか。 忍者にとり茶は嗜好品というよりむしろ薬と考えていたようだ。 そして注意しなければならない飲み物だった。「萬川集海」には新茶ができる頃に忍び込むのは駄目だと記される。

　若葉採取の時期は４月頃から始まる。 新茶は美味しいので皆がこぞって大量に飲むので、 夜になっても寝つけずに覚醒している状態であったからだ。 カフェイン[1]という化学成分こそ知らなかったが、 茶に覚醒作用があることは知っていたようだ。

　興味深いことは忍者が江戸時代初期にすでにマリファナの効用を知っていた。「阿呆薬」と呼ばれる麻茶を飲んだ者はぼーとしてしまうことを分かっていた。 忍者は麻茶を飲ませその隙に活動したのだろう。

　茶の普及は12世紀頃に臨済宗開祖栄西が宗から種子や苗木を持ち帰り、 茶が流行し嗜好品として飲まれるようになった。 伊賀にも茶が伝わり日本有数の茶の産地になった。 伊賀忍者は喫茶を楽しみ、 同時に様々な茶を研究していたのだ。

(1) 茶の葉やコーヒーに含まれるアルカロイドの一つ。 少量で神経中枢を興奮させる。
(2) 禅宗の一派。 日本では鎌倉時代に栄西が伝え、 室町幕府が保護した。

15 合言葉
<ruby>合言葉<rt>あいことば</rt></ruby>

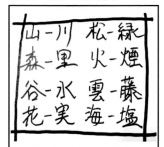

忍者が絶対忘れて
はならない言葉

　「山―川」日本人なら誰もが知る合言葉だろう。合言葉とは「お互いが仲間であることを確認するために、前もって問と答えを打ち合わせておく合図の言葉」だ。

　夜討ちを得意とした忍者は、夜に敵と戦わなければならない時が多く、闇の中ではお互いを識別できない。それゆえに同士討ちを避けるために合い言葉は必要不可欠であった。しかも合言葉はいつも同じではなく、毎回違う合言葉にしたという。(1) 同じものを使い古していると敵にばれてしまう。暗証番号も同じだろう。

　パソコンの場合は忘れた場合はリセットをすればなんとかなるが、忍者はもし忘れたら生死にかかわる。記憶力の弱い忍者は忘れないために小刀でその合言葉を、自分の太腿に刻んだという。痛いが殺されるよりましである。生き残るために合言葉は絶対に忘れてはならない。

　他にも「煙―浅間」「花―吉野」「雲―藤」「松―高砂」「梅―難波」など文学的なものまで存在した。北条家に仕えた風魔一族が「立ちすぐり・居すぐり」という合言葉の忍術を使ったという。(2)

(1) 合言葉を毎回変えても、記憶にとどめていれば顔を見なくても仲間だとわかる。
(2) 詳しくは「八王子編」風魔忍者の「立ちすぐり・居すぐり」を参照にして欲しい。

16 符丁
ふちょう

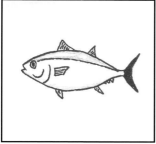

忍者は秘密の特殊
な言葉を使った

「壁に耳あり障子に目あり」。忍者が肝に銘じた諺だ。忍者だと正体が敵にばれてしまうと情報活動に支障が生ずる。誰かが障子に穴を空け覗いていたり、聞き筒で聞き耳をたてているかもしれない。忍者はいつも己の正体がばれないように細心の注意を払っていた。そのための言葉が符丁(1)（譜牒）といった。

忍術書「萬川集海」でさえ、重要な箇所は暗号(2)になっており、または口伝という言葉で終わっている。「萬川集海」は親兄弟であろうとも秘密にしていなければならなかった。符丁は仲間のみがわかり合う言葉。合言葉と同じようなものと考えてもいい。現在でも「部外者秘」という言葉があり、これは会社の一つの部署のみが知るものだ。

私は学生の頃大阪梅田の寿司屋でアルバイトをしていた。その店の板前さんが「マグロのアニキ」、「ピン」、「ワ」、「オンテイ」等、全く理解できない言葉を使っていた。それらが寿司業界で使われる符丁だった。ある意味面白く耳に聞こえた。ちなみに「マグロのアニキ」は昨日の売れ残り。客の前では言えない。

(1) 合図の隠語。合言葉。業界により幾分表現が変わる。オンテイは数字。
(2) 山伏は「山人犬」、女は「くノ一」、男は「田力」等、漢字を分解した。

17　忍伊呂波
しのびいろは

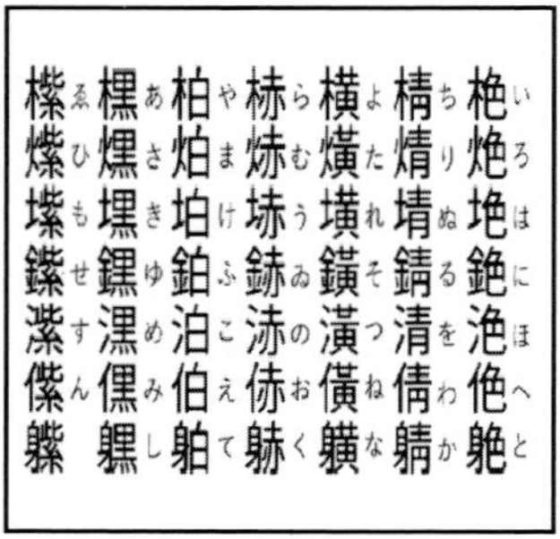

リスクマネージメントの忍者の暗号

（忍いろは 対応表　※二つの漢字を組み合わせた暗号文字。行＝偏「木・火・土・金・水・人・身」、旁＝右から左へ「色・青・黄・赤・白・黒・紫」）

色列： 枦 烌 坥 鉇 池 侘 䑧
青列： 梢 焼 埥 錆 清 倩 軿
黄列： 横 熿 墴 鐄 潢 儳 軇
赤列： 栭 烾 㘩 鉆 洓 㑊 躾
白列： 柏 炪 坦 鉑 泊 伯 舶
黒列： 樏 熛 壈 鑗 漀 儠 䠾
紫列： 榡 燨 壥 鑅 澯 儳 䠳

　手紙でやり取りする時でさえ、忍者は注意を払った。忍者の暗号は「忍いろは」と呼ばれ「萬川集海」の「隠書二カ条」に記されている。手紙を矢文(1)で仲間に送っても敵の手中に入る場合もあるかもしれない。その際は内容が分からないように工夫をしていたのだ。忍者は上手く行かなかった時を常に考えていた。生き残るために。今で言う「リスクマネジメント」を意識していた。プランＡが駄目なら、プランＢ、プランＣ。

　忍いろはは二つの漢字を組みあわせたものを「いろは48文字」に当てはめたもの。偏と旁から構成され、同じ行の字は、同じ偏を持ち「木・火・土・金・水・人・身」と上から下に並ぶ。旁は右から左へ「色・青・黄・赤・白・黒・紫」と並ぶ。ちなみに忍者漫画家の白土三平(2)の作品には忍いろはがよく使われていた。

　暗号を使うのは情報を秘密にするためだ。繰り返し言うが、忍者は情報のプロだ。「くノ一」「田力」はそれぞれ「女」「男」。「萬川集海」は肝心な箇所では口伝と記される。最重要なことは記さなかった。

(1) 昔、矢などに結び付けて飛ばした手紙。
(2) 本名岡本登（1932-2021）作品は『忍者武芸帳』『サスケ』『カムイ伝』等。

18 五色米
ごしきまい

心理学では青は安全、赤は警告

　忍者は仲間しかわからない伝達術を色々な工夫で創りだしてきた。その忍術が「五色米」だ。白米に五種類の色をつけた。「忍いろは」で使った漢字「青・黄・赤・黒・紫」の色だ。染米を目立たない所に置いた。それは意味を持ち、当然のことながらその米は鳥や虫が食べないような素材で染められていた。

　五色米をどのように使ったのか。忍術書には口伝で使い方は書かれていない。色彩心理学的(1)に考えれば、例えば三叉路でどの道を選ぶのかは青色の米粒を探せばいい。青色は安全で心を落ち着かせる色だろう。今も昔も色が持つ意味はほぼ同じと言える。信号の青色は進んでいい。どちらかと言えば緑色に近い青色だが安全を意味する。逆に赤色は危険。車のパネルの警告灯は赤色。黄色は注意だ。

　潜入の際に同じ料理を食べなければならない場合もあっただろう。毒入り飲食物を選ばないために、赤色の染米がお膳の目立たない所に置かれていれば、その膳が毒入りと事前の打ち合わせをしてたと思われる。

(1) 色の特徴や性質と人間の心の関連性を研究する学問。色は私たちに様々な影響を与える。忍者はすでに心理学的なことを理解していたようだ。

19 七方出 _{しちほうで}

忍者の変装を父兄弟にも見破られない

　「猿楽、出家、山伏、商人、虚無僧_{こむそう}、放下師_{ほうかし}(1)、常の形」の七変化をいう。忍者は変装を得意とした。変装は自分自身の情報を隠すだけでなく、怪_{あや}しまれることなく情報収集ができる。忍者は黒装束姿_{くろしょうぞく}のイメージがあるが、昭和の忍者ブームの際に映画や漫画などで作られたもの。昼間から黒装束姿でいるなどあり得ない。

　忍装束については『正忍記_{しょうにんき}』(2)に「黒色より茶染め色、渋柿色、紺花色_{こんばな}がいいとある。これらの色は周囲に多く紛れて目立たない色だからだ。さらに目立たなくするために顔に墨_{すみ}を塗_ぬった。他にも「忍びは存在を決して知られないのが大事だ」とある。それ故に姿を目立たなくすることが必要で古来の忍びの得意な者は父兄弟でさえも変装した姿を見破られてはならない、他人にばれることなどは論外_{ろんがい}と記されている。

　七方出は人が集まる神社仏閣では出家、虚無僧、山伏を普通に見かける。祭りでは放下師や猿楽師に出会う機会があり、物珍しさに緊張が緩_{ゆる}む。そうなると情報が集めやすくなる。

(1)「道々の輩」とも呼ばれ、曲芸、手品、猿回しなどで諸国を巡業した者。
(2) 1681年、紀州藩軍学者の名取正澄が書いた忍術書、写本が数点現存している。

20 草（くさ）

目立たないように、
潜入先の言葉を奪う

　「雑草という草はない」これは植物学者牧野富太郎（まきのとみたろう）(1)の言葉。牧野は2023年に放映されたNHK朝ドラ「らんまん」の主人公槙野万太郎のモデルだ。

　植物に詳しい者は雑草を同定できる。しかし一般人には雑草は草であり全て同じように見えてしまう。忍者は目立ってはいけないから草になる。草は忍者を意味している。『日本国語大辞典』には「（草に伏して潜み敵を伺うことから）戦場で山野に忍んで敵情を探ること。また、その者。忍物見（しのびものみ）」とある。

　潜入先で情報収集するために、時には何ヶ月間、何年間もその地に住まなければならないことがある。知らない場所の方言で話されると理解できない。それでも忍者は怪（あや）しまれないように、その言葉を観察し理解し習得した。さもないと情報収集が上手くいかないからだ。

　言葉を習得するために一朝一夕（いっちょういっせき）(2)では無理だ。時間をかけ何度も練習が必要だ。それを「奪口の術（だっこう）」と呼ぶ。口を奪うということはその土地の言葉を盗むこと。忍者は草になりその言葉を話し方も含めて自分のものにした。

（1）1862-1957。高知県出身の植物学者。「日本の植物学の父」で知られる。
（2）きわめてわずかな期間、非常に短い時間のたとえ。ひと朝とひと晩の意から。

21 忍六具 <small>しのびろくぐ</small>

最も重要な道具、
臨機応変に使う

　忍者は諜報活動をするために武器、生活道具、薬等を使ったが、いつも全てを持ち歩いていたわけではない。目的に応じ必要なものを携帯した。特に重要なものを「忍び六具」と呼ぶ。六具はそれぞれ「編笠、火種、筆記具、鉤縄、薬、三尺手拭い」だ。

　「編笠」は顔を隠すのに便利で深く被り中から相手を見ることができた。また必要な文書も中に隠せた。「筆記具」は石筆や矢立で記録に使った。矢立は筆が入る仕組みになっていた。松尾芭蕉(1)も使っただろう。「鉤縄」は塀や壁に登る時や敵を捕獲した時に使った。「火種」（打竹）は狼煙、松明など火器を用いる時に使った。

　「印籠」は『ドラマ水戸黄門(2)』が最後の場面で使われた薬入れ。家紋がデザインされていた。虫除け、虫刺され、腹痛、傷薬等を入れた。「三尺手拭い」は91㎝の木綿製のもの。中に石を入れて武器にも使えた。また水を飲む時に濾すために使うことができた。

　一つの道具を何通りにも使う。忍者は忍び六具をその場その時に応じ臨機応変に使った。

(1) 1644-1694。江戸前期の俳諧師、伊賀国阿拝郡出身。「芭蕉忍者説」参照。
(2) 徳川光圀（1628-1701）。水戸藩2代藩主。TBSテレビ時代劇で人気を博した。

22 飢渇丸
きかつがん

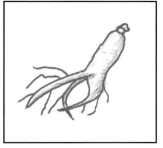

忍者は断食修行で
空腹感を克服

　忍者は情報収集をするために敵の動向を何日間も見張らなければならないことがあった。　空腹を覚えた時に忍者はどう対処したのだろうか。　忍者は「飢渇丸」という非常食を持っていた。　飢渇とは「食物や飲物がない苦しみ」という意味だ。　生き残るためには食料は必要である。

　「萬川集海」に「朝鮮人参10両、蕎麦粉20両、薯蕷(山芋)20両、甘草1両、ヨクイ仁(鳩麦)10両、小麦粉20両、糯米20両を粉にして酒3升に3年間つけ乾けば丸める」と記される。

　現代忍者川上仁一さんに話を聞く機会があった。　川上さんは水だけで一週間の断食修行をするという。　忍者は飢えに対する耐性を断食修行で身につけていた。　空腹を我慢し克服するのが忍者だ。　飢渇丸も小腹満たしという点では多少役立つだろうが十分ではない。　水があれば人間は一ヵ月間生きられるらしい。

　断食は身体に蓄積された毒素を排出効果がある。　デトックスだ。　忍者は断食が心身共に良いといことも知っていた。　そして「忍ぶ」は「耐える」という意味もある。

(1)　1両は約37.8gなので、10両は378g。
(2)　Detoxification 体内にたまった有毒物を排出させること。　便通改善も含まれる。

23 九字法（くじほう）

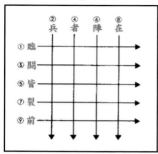

```
      ②    ④    ⑥    ⑧
      兵    者    陣    在
①臨 ──────────────────→
③闘 ──────────────────→
⑤皆 ──────────────────→
⑦裂 ──────────────────→
⑨前 ──────────────────→
```

精神統一法は山伏と
忍者が得意とした

　忍術は修験道と陰陽道に密接な関係があった。 修験道は役小角（えんのおづぬ）が開祖といわれ、山で修行を積む修験者、つまり山伏の宗教だ。 陰陽道は古代中国の陰陽五行思想に基づいて吉凶を占う方術(1)。 どちらも密教に由来しており(2)、「萬川集海」にも多くの関係する箇所がある。

　忍者は身体だけでなく精神も強くなければならなかった。 忍者も所詮（しょせん）は人の子だ。 過酷な戦場に向かうには不安や恐れもあり覚悟が必要だった。 そこで山伏の修行法である九字護身法（九字法）を取り入れた。

　九字法は刀印と手印がある。「臨兵闘者皆陣烈在前（りんぴょうとうしゃかいじんれつざいぜん）」と唱え（となえ）精神統一を行う。 心を静め戦の前に戦闘モードに変える。真言の意味は「臨める兵、闘う者、皆　陣烈れて、前に在れ」。 七方出の変装の1つに山伏があるのもうなずける。

　数年前日本代表のラグビー選手五郎丸歩（ごろうまるあゆむ）選手のゴールキックをする時のポーズが流行った。 集中するための五郎丸選手のルーティンワークだった。 まさに九字法の「臨」の手印と似ていると思った。

(1) 春秋戦国時代頃に発生した陰陽説と五行説が無関係に生まれたが後に結合。
(2) 大乗仏教の中の日秘密教。 日本では真言宗の東密や天台宗の台密を指す。

24 呼吸法
こきゅうほう

忍者のリラックス法、
集中力が高まる

　忍者はリラックスし集中するために独自の呼吸法を持っていた。　元々は修験者がこれらの呼吸法により精神をコントロールした。　修験者は修行で険しい山道を何時間も登る。　その際に「懺悔、懺悔、六根清浄」と唱える。この呼吸法を忍者は取り入れ独自のものにした。

　山を登りながら声を出すのはきつく、ましてや法螺貝を吹きながらであればさらにきつい。　忍者も修験者と同様にその言葉を唱え山で修行を行っていた。

　「伊賀流千里善走之法　二重息吹」に「吸、吐、吐、吸、吐、吸、吸、吐」のリズムで呼吸すれば千里を休まず走れるとある。　一里は4キロだから4千キロを走れる。だいぶ誇張し過ぎだが。

　息長という呼吸法は線香の煙のようにゆっくり吸い、線香の煙が出ていくように意識する。　理想は1分間で吐き1分間で吸う。　リラックス状態になり不安やストレスが減り集中力が強くなる。　吐く際には丹田に力を入れ絞り出す。大事な試験の時、深呼吸も気持ちを落ち着かせるが、息長を試してはどうだろうか。

(1) 知覚、眼耳鼻舌身意の事で穢れに触れた時に神徳を以て清浄にする祈願詞。
(2) 内丹術で気を集める体内の部位、へその下3寸に位置する。

25 忍三病

「怖がる、侮る、考え過ぎる」はダメだ

　忍者には気をつけなければならない三つの病気があった。「萬川集海」に記されている。「怖がること」「侮ること」「考え過ぎること」だ。これらの病気にかからなければ、電光のごとく速やかに侵入することが可能になる。「怖がること」は戦いに行く時に恐れるのは当然であるが、危険をある程度想定して行動するのが忍者だ。適度に恐れ大胆に行動することが忍者の神髄だろう。

　次に「敵を侮ること」。相手が弱そうに見えても最後まで緊張感を持ち続けることが肝心であっだ。「油断大敵」という言葉がある。ある忍術書（初見良昭氏蔵）[1]に行動する時の注意をあげて、その後に「ぬかるなよ」の言葉が何度も繰り返し記されていた。感動した。慎重のあまり考えすぎ行動が遅くなってしまうのは本末転倒だ。慎重さは重要であるが行動できなければ駄目だろう。

　病気といえば、現代ではメンタル面がやられる躁鬱病[2]がある。精神面が鍛えられた忍者はこれらの病気とは無縁だったようだ。それでも忍者の三病は克服するのは重要だった。

(1) 1931年生まれ。千葉県武神館を創設した武術家。戸隠流忍術34代目継承者。
(2) 「鬱病」は一日中気分が落ち込み、何をしても楽しめないという精神症状。

26 忍入好機
しのびいりこうき

非日常的な時に潜入が容易

忍者は情報収集のために敵の屋敷に潜入することが多かった。そのためには周到な計画を立て実行するのだが「萬川集海」に次の時は忍ぶのが容易になると記されている。「祝言明けの夜」「遊興の夜」「普請労役の夜」[1]「隣家変事の翌夜」だ。

結婚式の夜は通常とは異なり美味しい物を食べつい飲み過ぎて泥酔してしまう。遊興とは宴会のことで同じく飲む機会があるので忍ぶのが容易だろう。普請は建築・土木の工事の力仕事なので疲れて熟睡する。近所でドタバタがあった翌日の夜も同じだ。

興味深い記述があった。「ただし新茶の季節はお茶の飲み過ぎで目が冴える人がいるので、上記の時でもやめた方がいい」[2]と記される。なるほどと思ったのと同時に茶は江戸時代流行りつつあったのだろう。

以上のように忍者は人の行動を観察しており、いつ忍び込むのがベストかを考える。人は非日常的な出来事は楽しいがその反面疲れる。忍者はその隙を狙う。こういう時は忍者に注意すべきである。

（1）普く（あまねく）請う（こう）、平等に奉仕を住民自身で行い維持する。
（2）詳しくは、14「茶」を参照にして欲しい。

27 紫陽花 (あじさい)

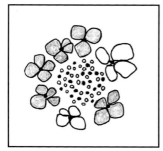

毒草は忍者にとり
不可欠な知識

　忍者は植物を様々な忍術に応用した。 携帯用の狼煙筒に美味しい筍である孟宗竹 (もうそうちく) [1] を食以外に忍具として使った。 菱の実は逃走用の忍具だが食にもなった。 今も福岡県では菱の実が食材として売られている。

　忍者は毒を使うイメージが強いが「毒」と「薬」の区分は人が決めている。 人により少量なら薬効があるが多量ならば毒になってしまう。 毒と薬の区別は難しい。

　紫陽花は私達に馴染みの植物だ。 花の色が良く変わることから「七変化」という呼び名もある。 七変化は七方出に通じる。 紫陽花は有毒植物だ。 このことを知らない料理人は紫蘇 (しそ) がない時に紫陽花の葉を代用してしまうことがある。 私も家族で伊賀のある日本料理店に行った時に紫陽花の葉を食前に出され驚いたことがある。 私は抗議をした。 本当に恐ろしい経験だった。

　他に紫蘇と紫陽花の葉は似てるが植物知識がある人には違いは一目瞭然だ。 紫陽花の葉と知らず食べた客はその後救急車に搬送 (はんそう) される結果になる。 毎年ニュースになる。 生き残るために毒草の知識は必要不可欠だ。

(1) 筍は４月頃に発芽、大型で肉厚で柔らかい人気。 日本の竹で最大10-20ｍ。
(2) 青酸配糖体を含み食べると酵素反応し遊離青酸により嘔吐の中毒症状を起す。

28 斑猫 <ruby>斑猫<rt>はんみょう</rt></ruby>

甲賀忍者の掟には
毒飼いを禁じた

　忍者の毒の供給源<rt>きょうきゅうげん</rt>は植物だけでなく昆虫も使った。　ハンミョウだ。　正確にはカンタリジン[(1)]という成分を持つツチハンミョウ。　ほとんどの人はまずハンミョウなどという虫を知らないだろう。　この虫を観察すればきっと感動するだろう。

　ハンミョウはとても美しい虫で、　タマムシに勝<rt>まさ</rt>るとも劣<rt>おと</rt>らない。　体長は20㎜程であるがそのカラフルさに驚くだろう。　ハンミョウは初夏から秋にかけて日当たりの良い湿<rt>しめ</rt>った林道で見られる。

　実はこの虫は面白い習性がある。　ハンミョウを見つけて近づくと数メートル先を飛び、　また近づくと先を飛び、　あたかも道を案内しているように見える。　だから「道標べ」という別名を持つ。　ただしツチハンミョウ科の虫ではない。ツチハンミョウを数匹集めれば大人の致死量になるという。

　忍者が毒を使っていた証拠としては甲賀忍者の掟書<rt>おきてがき</rt>[(2)]に記されている。「毒飼いを禁止する」とある。　毒ハンミョウを飼う、　毒草を栽培する等を禁じていた。　忍者は自然から様々なことを学んだ。　現代忍者になるために自然観察とその知識はマストだろう。

(1) 薬事法では毒薬劇薬に指定。 古くから難病の治療薬、 媚薬としても用いた。
(2) 中世後期に心構え、 取決め、しきたり等の掟として順守すべき意味を持った。

29 鳥兜
とりかぶと

有毒植物、青紫色の
兜形の花が美しい

1986（昭和61）年に、鳥兜を使った殺人事件が起こり、全国的に鳥兜が有名になった。5年後に保存された血液から分析の結果、鳥兜に含まれるアコニチンという毒成分が検出されたこと、犯人が高山植物店で鳥兜62株を購入したこと等で殺人事件ということで犯人が捕まった。

鳥兜はキンポウゲ科の植物。花の形が古来の装束に用いられる冠に似ているのが由来だ。青色の美しい花であるが、日本三大有毒植物[(1)]の一つとしても知られる。鳥兜の根を乾かした物を鳥頭または附子といい漢方では生薬。毒にも薬にもなる。気をつけなければならないことは春の山菜で有名なニリンソウの葉形は鳥兜は似ている。

この植物は伊賀でも自生している。名張藤堂家[(2)]を訪れた時、何気なく部屋にあった掛け軸を見るとなんと鳥兜が描かれているのを発見した。おそらくは藤堂家の近くの山に鳥兜があるからこそ描かれたのだろう。

ほとんどの人は鳥兜がどんな花で、いつ頃、どこに生息して、どの部位に毒があるかは知らないだろう。私は知っているが教えない。危険だからだ。

(1) 他の有毒植物はドクウツギ、ドクセリ。
(2) 名張市丸の内にある。藤堂高虎の養子高吉を祖とした。家紋は桔梗紋。

30 盗人萩
ぬすびとはぎ

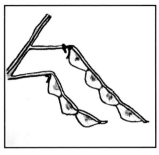

果実が泥棒の足跡
に似る

　マメ科の植物である。ひっつき虫だ。夏から秋にかけて農作業や野外で活動する人にとってはお馴染みのやっかいもの。このひっつき虫が服につくと取り除くのが大変である。ただし最近の盗人萩は外来種の「荒地盗人萩」。在来種の盗人萩と比べて果実が２倍あり、繁殖力が強い。

　植物学の父牧野富太郎によれば、盗人萩の名前の由来は、泥棒は足音を立てないように足裏外側だけを地面につけて歩いた。その時の足跡が盗人萩の果実と似ているからだという。

　忍者と泥棒は似ている。岡山藩では忍者の別名が「夜盗」とも言った。ただしこの呼称は泥棒と同じだと「御忍衆」に変更された。忍者が忍び込むのは私利私欲のためではなく、主君のためという大義名分がある。

　忍者は人の衣服に気づかれずにこのひっつき虫を付けて人を特定する目印にしたかもしれない。オオオナモミ(1)というひっつき虫は有名、この植物からマジックテープが生まれた。忍者は植物観察が得意で薬草や毒草だけでなく、ひっつき虫の特徴も上手く忍術にも利用しただろう。

(1) ひっつき虫で知られるが今では少なくなり、最近はオオオナモミかイガオナモミだ。

31 上忍
じょうにん

上忍とは
音もなく、
臭いもなく、
智名もなく、
勇名もなし、
その功
天地造化の如し
「萬川集海」

天地造化が上忍、
名は知られない

　「音もなく　匂いもなく　智名もなく　勇名もなし　その功天地造化の如し」この言葉は「萬川集海」に記される上忍の定義だ。 上忍とは身分階級を表す言葉ではない。 忍術の技量が一流の忍者という意味だ。 私はいつも上忍に憧れるがこの階級は伊賀で３人だけだったといわれる。

　「萬川集海」には上忍について興味深い記述がある。 「忍術問答」だ。 戦国時代の忍者の上手がいた。 「その名を聴きたい」「答曰く」と続き、 野村ノ大炊孫太夫をはじめ伊賀甲賀の忍者の上手11名をあげ、 中でも楯岡ノ道順が一流だと記される。 しかし著者は道順を批判する。

　なるほど名が知られるのは素晴らしいが、 上忍ならば名が知られた時点で失格だという。 だから道順は中忍で上忍ではない。 つまり著者は名を明かしていない上忍であり天地造化の仕事をしているのだろう。

　忍者は目立っては駄目。 目立たずに結果を残す。 それが上忍だ。 それ故に忍者は守秘義務があり、 親であれ子どもであれ、 秘密にしなければならない。 重要なことは「一子相伝」あるいは「口伝」という形で伝える。

（1） JR関西本線新堂駅東側にある。 中央を倉部川が流れ大和街道に沿った集落。
（2） 学術・技芸などの奥義をわが子の一人だけに伝えて他にもらさないこと。

32 弟切草
おとぎりそう

鷹の傷をたちまちに
治す一族の秘伝薬

　植物名には実に興味を引く名称が多い。 弟切草もその一つだろう。 なぜ弟を切るのだろうか。 由来は鷹に関係があった。 鷹はその姿に威厳があり尊重され古墳時代すでに鷹の埴輪 (1) が作られていた。 貴族・公家の間では鷹狩りが盛んであった。 戦国時代の武将も鷹狩りを好んだ。 ゆえに鷹を世話する鷹匠が必要であった。

　平安朝時代のこと、 鷹は狩りをする際に傷つくことが多かったが、 鷹匠の晴頼は鷹の傷をたちまちに治す秘薬を持っていた。 一族のみ知る秘薬、 事実弟切草は止血薬として知られる。 ある時弟が無断で他人にこの秘薬を漏らした。 怒り狂った兄は弟を斬り殺す。 血が飛び散り花や葉に黒点として残ったのが弟切草だという。

　一説にはライバルの鷹匠がその薬が欲しく自分の妹を晴頼の弟に近づけ入手したという。 つまりハニートラップ (2) だろう。 情報収集が専門の女忍者が得意とした。

　ただし忍者の専売特許ではない、 古今東西、 日本だけでなく、 世界のあちこちで行われている。 最近では男女関係なく気をつけなければならない。

（1） 古墳の上部や周囲に並べられた素焼きの土製品。
（2） honey trap 女性スパイが行う色仕掛けによる諜報活動。

33 女と男
くのいち たちから

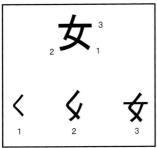

忍者とばれないようにする

くノ一は「女」、田力はあまり知られていないようだが「男」の漢字を分解したもの。忍者は相手に聞かれても読まれても分からないようにするのが鉄則。情報の漏洩を遮断する。言葉は仲間しかわからないようにする。

室町時代、宮中に仕える女房も衣食に用いた隠語「女房言葉(1)」があった。例えば「〜もじ」をつけた「かもじ」「しゃもじ」や「お〜」で始まる「おいた」「おかか」また「〜もの」で始まる「ほそもの」「あおもの」等だ。約束事を決めておけば仲間かだけがわかるので安心だ。忍者の合言葉と同じと言っていいだろう。

よく聞かれる質問に「女忍者は存在したのか」私は「いた」と答えている。忍者は情報収集が仕事だ。「萬川集海」に情報を得るためにはその情報を持っている人と親密になれとある。土産は必ず持参し食事、酒を振る舞う。

それでも情報を得られない時にはハニートラップが有効でくノ一の出番になる。現代はイケメントラップもあるが、最近は個人情報が簡単に漏れるニュースを聞く。私達は普段から個人情報をもっと慎重に扱うべきだろう。

(1)「かもじ」は「髪」のこと今でいうエクステンション。「おいた」は子供の悪戯。「おかか」は 母または妻のこと。「ほそもの」はそうめんのこと。

34 忍返し
しのびがえ

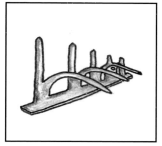

皂莢を利用したり、
城石垣の上に設置

　この侵入防止装置が最初は対忍者のために考え出されたのは 間違いない。 忍び返しは江戸時代から存在した。 現代でも忍び返しは家の塀なに設置され、 泥棒除けとして販売もされている。 忍びは泥棒という意味もある。 かつては尖(とが)った竹や釘などが使われていた。 城にも石垣上部が忍者を警戒して登れないように反(そ)る工夫もされた。 これも一種の忍び返しだろう。

　実は忍び返しの木もある。 「皂莢」[(1)] だ。 この漢字は難しい。 読めたらおそらく漢字検定準1級の実力があるだろう。 答えは「さいかち」。 東京にさいかち通りがある。 江戸時代の井伊家[(2)]の周囲にあたる。 井伊家はかって伊賀者が配下にいたので 忍者避(よ)けの木であるサイカチを知っていたのだろう。 木の樹皮に鋭利(えいり)な刺(とげ)があり忍者除けのために植えら れていたといわれる。

　琵琶湖東岸にはさいかち浜があり 皂莢が群生(ぐんせい)している。 皂莢が忍び返しの木とインターネットに出 ていない。 足で稼(かせ)いだ情報だ。 伊賀上野城にもかつ て皂莢が植えられていた。 忍者は自分たちで有用な情報を共有した。

(1) マメ科、茎・枝に多数のトゲがある。 秋に長さ30㎝の莢（さや）をつける。
(2) 井伊直正は徳川家康に仕え徳川家最大の所領を与えられた。 徳川四天王。

35 陽忍と陰忍

物事の道理を理解
し臨機応変の行動

　忍術には「陽忍と陰忍」がある。「萬川集海」に記される侵入術の方法だ。「陽忍」は姿を現しながら敵中に入り込む、「陰忍」は姿を隠して忍び込むこと。陰陽は古代中国の思想から起こり森羅万象(1)の全てのものを陽と陰の二つに分類する考え方。

　具体的に「陽・光・明・剛・火・夏・昼・動物・男」が「陰・闇・暗・柔・水・冬・夜・植物・女」に分けられる。これらは相反しているが一方がなければ、もう一方も存在しない。陽と陰が調和して自然の秩序が保たれるという。

　「右と左」や「北と南」も同じだ。「禍福は糾える縄のごとし」は「この世の幸不幸はより合わせた縄のように常に入れ替わりながら変転する」という意味の諺。つまり、忍者は自然の理を悟っていた。

　陽忍か隠忍のどちらかを決めるのは状況判断だ。陽忍で行く時は「七方出の術」で変装をした。隠忍で行く時は月の出入りを調べ、夜に忍び込むときは昼寝をして夜に備えた。忍者は常に物事の道理を理解して臨機応変(2)で行動した。「萬川集海」の冒頭にも挙げられている。

（1）宇宙間に存在する数限りない一切のものごと。
（2）機に臨み変に応じて便宜な手段を施すこと。

2章 忍者歴史編

服部正蔵正重

忍者は決して表舞台には出ない。戦国時代に武将は忍者を活用した。最近大学が忍者の記録を探しだしている。しかし重要な事柄は口伝だ。家康の伊賀越えで服部半蔵がどれくらい活躍したかは謎だ。そこが上忍と呼ばれる忍者のすごさだろう。

1 天正伊賀の乱

天下の信長公と伊賀
衆が三度も戦った

　天正6年（1578）織田信長次男の信雄が伊賀中央部にある丸山城修築を始めたのが事の起こりだ。「伊乱記」[(1)]に次のように記される。信雄が伊勢を制圧し次は丸山城を伊賀攻撃の拠点地と考えた。伊賀惣国一揆衆は信雄の動向を監視するため対岸の天童山に立籠もり戦術を練った。そして伊賀衆がついに夜討を開始する。不意を突かれた信雄軍は混乱し敗走せざるを得なかった。

　翌年信雄は信長に相談せずに独断で8千の兵を率いて伊賀を攻撃するが、待ち構えていた一揆衆の抵抗に遭い再び敗走する。信雄が名誉回復のために動いたが大失敗に終る。この敗北を知った信長は信雄に「親子の縁を切る」とまでの大激怒であった。この戦いを「第一次天正伊賀の乱」と呼ぶ。

　2年後天正9年（1581）信長軍は4万の大軍を率いて伊賀の七口[(2)]から攻撃、「第二次天正伊賀の乱」だ。圧倒的兵力の差で瞬く間に伊賀は制圧された。しかしある由緒書には「天下の信長公と伊賀衆が三度も戦ったと誇らしげに書かれてあった。

（1）延宝7年（1679）に伊賀住人菊岡如玄が天正伊賀の乱を記した軍記物。
（2）資料で異るが上柘植、阿波、伊勢路、島ヶ原、西山、安部田、内保を指す。

2 家康伊賀越え

生涯第一の艱難を
半蔵と伊賀衆が援護

　天正10年（1582）に本能寺の変が起こる。　明智光秀
が主君織田信長を自刃に追いやった変。　この時徳川家
康は大坂堺にいた。　翌朝に京都を目指し家康と34人の
一行が出発した。　平野から四條畷の飯盛山麓まで船で
移動、降りた港は「津ノ辺」と今もその地名が残る。　そ
こに本多忠勝と茶屋四郎次郎が待っていた。

　本多は徳川四天王、茶屋は家康御用達の京三大豪
商であった。　信長の自刃を知らせ逃走資金を準備して家
康を援護に来た。　報告を聞いた家康は交野から山間部
を経て木津川を横断し伊賀越えで岡崎を目指す。　真東
に向かうのが最も早く効率的だからだ。

　しかし伊賀は前年信長から侵攻され家康は信長側だっ
たので伊賀通過は危険であった。後年「生涯第一の艱難」
といわれたが一行には服部半蔵がいた。　小川城からは
桜峠越えで伊賀に入り半蔵が人寄せの狼煙をあげ伊賀
衆を集めたという。　そのおかげで無事に岡崎まで生還し
た。　家康の人脈と金脈と伊賀衆のおかげだ。　現在でも
同じだろう。　そして半蔵もこの功で八千石を知行した。

(1) 堺と並び、戦国時代でも大名にくみぜず独立を維持した。　現大阪市平野区。
(2) 「石川忠総留書」が最適の伊賀越え資料、行程地名と34人の氏名が記される。

3「萬川集海」

一子相伝の忍者の
バイブル

　延宝4年（1676）伊賀者藤林左武次が編纂した全22巻の忍術書。「萬川」は「あらゆる忍術」を意味し、それらが集まり海になったのが「萬川集海」だ。

　伊賀・甲賀49流の忍術が体系的に記される。一子相伝の忍者のバイブルだ。借用する時は血判入り誓詞が必要だったという。「萬川集海」は上級忍家だけの秘伝書。

　私も何冊かの「萬川集海」を見たことがあるが、とりわけ甲賀忍者が就職活動のため、寛政元年（1789）江戸幕府に献上した内閣文庫本が素晴らしかった。現在は東京国立公文書館(1)に保存されている。

　20年ほど前に東京まで足を運び、閲覧申請をしたらコピーが出てきたので、伊賀からわざわざ来たのになぜ本物を見られないのかと強く抗議した。すると私の剣幕に驚いたのかすぐ見せてくれた。

　江戸幕府提出の忍術書だったので、楷書体の文字で美しく、さらに図に色がついて感動した。私の語る内容は数種類の「萬川集海」を参考文献にしている。左武次の墓碑は伊賀市万町西院念寺(2)の一角にある。

（1）東京都千代田区にある。総理大臣が重要な公文書を保存管理している。
（2）浄土宗寺院。「萬川集海」の編者左武次保武をはじめ藤林一族の墓所。

4 鉤の陣
まがり　じん

伊賀者・甲賀者が
全国に轟いた戦

　忍者のデビューは応仁元年（1467）伊賀者は傭兵として活躍した。そして長享元年（1487）鉤の陣で全国に伊賀・甲賀の忍者の名を轟かせた。近江守護六角高頼が近隣大名の領地や公家荘園の略奪を繰り返していた。

　室町幕府第9代将軍足利義尚は返還を命ずるが六角は無視する。ついに義尚は全国の大名に対して六角征伐の号令を出す。これに対して六角は伊賀者・甲賀者の助けで幕府軍に抵抗する。忍者軍団は幕府軍との戦いにおき無理をしなかった。危なくなれば山中に逃げ込み、幕府軍が疲れ本陣に戻ると夜襲を行う。この神出鬼没の戦術は「亀六の法」と呼ばれた。一説には足利義尚は陣営で忍者に襲われた傷が原因で亡くなったという。

　「淡海温故録」に「世に伊賀・甲賀の忍び衆と名高くいうのは、鉤の陣に神妙な働き共を日本国中の大軍眼前に見及びし故、それ以来名高く誉れを得た」とある。鉤の陣での戦いで伊賀者・甲賀者は全国から集まった大名たちにその凄さを見せつけた。

（1）東軍の細川勝元と西軍の山名宗全が京都を中心に11年間にわたる大乱。
（2）木村源四朗重要が江戸前期貞享年間（1684-88）に近江地誌としてまとめた。

5 忍町
しのびちょう

忍者が己の居場所
を教えていいのか

　寛永（1624-43）や寛文（1661-72）年間頃に製作された
「伊賀上野城下絵図」には屋敷に伊賀者の名が記されて
いる。 伊賀者は参勤交代と江戸染井屋敷の警備、伊賀
では領地の巡視や一揆等の情報収集を行っていた。

　忍町は忍びの衆の屋敷があった場所。 曽我、柘植、
服部、瀧、木津の名が絵図に記される。

　質問がよくある。 忍町と書けば忍者が自分の住む場所
を教えることになるのではと。 大丈夫だ。 その事実を知
るのは藤堂藩武士階級の者であり、 当時は現在のように
住居表示がなく、 町民・農民は知るよしがない。

　後年になりかつて忍者が住んでいた屋敷があったので
忍町と呼ばれるようになった。 今は忍町は東忍町と西忍
町に分かれる。 忍町公民館の鬼瓦には「忍」の文字が
誇らしげに見える。 日本人は自分が住む家に表札をつけ
るが、 そのことにアメリカ人は驚く。 なぜ日本人はわざわ
ざ自分の個人情報をオープンにするのかと。 アメリカでは
表札などない。 確かに日本はまだまだ個人情報の管理
は甘いと思ってしまう。

（1）現在の東京都駒込3丁目〜7丁目にあった藤堂家の屋敷。
（2）瓦葺の屋根の葉深度に設置される装飾性のある瓦の総称。

6 伊賀者
いがもの

忍が盗人に聞こえる
ので呼称を変えた

　忍者は伊賀者とも呼ばれるが、伊賀者は必ずしも忍者ではない。伊賀者は一般に伊賀の地侍をいう。その中でも忍術・火術を心得ている者が忍者であった。忍者の主たる仕事は情報収集。情報を得るためには相手に悟られずに行う必要があった。それゆえ忍者は己の個人情報はたとえ家族でも漏らさなかった。一子相伝だ。

　「にんじゃ」は戦後の漫画、映画、テレビで使われた呼称。江戸時代は「しのびのもの」だったが、藤堂藩に仕える伊賀者がいた。下級武士の忍者だが常時20人、半数は参勤交代で江戸染井に滞在した。興味深いことは伊賀者は「忍びの衆」という呼称であったが、盗人を取り締まる役目の者が盗人のように聞こえるのは言語道断だ名称を変えて欲しいと要望して伊賀者という呼称になったと記されている。(1)

　「東組」と呼ばれた伊賀者は澤村甚三郎(2)、和田芬助、稲増治郎兵衛、竹島三太夫、重福彦次郎。旧伊賀町の周辺に在住していた。澤村家に残る携帯用狼煙筒にその5名が墨字で記されている。

(1)『宋国史』にある。正保4年(1647)「忍びの衆」を『伊賀衆』か『伊賀者』に改める。
(2) 旧伊賀町川東出自、黒船来航の際に乗船した。その際には黒船を探索した。

47

7 松尾芭蕉
まつおばしょう

柘植の出自で周りは忍者だらけ

　松尾芭蕉が忍者だと言うと怒る人がいる。 俳聖芭蕉が黒装束姿で手裏剣を投げるなどあり得ない。 当然だろう。漫画や映画が創りだした虚像の忍者だからだ。

　芭蕉は藤堂新七郎に仕え北村季吟に師事。(1) 江戸前期に蕉風俳諧を確立し「不易流行」(2)を説く。「奥の細道」等を著した日本史上最高の俳人だ。 芭蕉は河合曽良と共に全国を行脚した際に情報収集も行っただろう。

　芭蕉忍者説の根拠は伊賀者に「松尾姓」の者がいる。それに忍びの上手、 木猿・小猿がいた柘植の出自で、芭蕉の父義左衛門は無足人。 柘植は戦国時代に福地家が治め芭蕉はその身内。 母は百地家の娘だ。 百地は三大上忍の一人と言われた。「百地家系図」に「芭蕉」の名があり藤堂新七郎に仕えると小さく記される。 芭蕉ほどの人物なら自慢して強調してもいいのだが控えめである。

　芭蕉は旅前には足三里のツボに灸をすることを知っていた。 当時鍼灸の術を知る者は医者以外には忍者しかいなかった。 芭蕉の周りに忍者だらけだ。 芭蕉が情報収集専門の忍者と考えれば問題はないだろう。

(1) 出自は近江国野洲郡北村。 江戸前期の古典学者・俳人・和学者。
(2) いつまでも変化しない本質的な物を忘れず新しく変かを重ねていくこと。

8 役行者
<ruby>役行者<rt>えんのぎょうじゃ</rt></ruby>

伊賀と密接にかかわ
り忍者も崇拝した

　修験道の開祖である。 また役小角とも呼ばれる。 役行者は修験者だけでなく忍者も崇拝していた。 伊賀の役行者悉皆調査を行った。役行者像が130体も存在していた。 伊賀は修験道と深く関わりあったのは間違いがない。

　藤堂藩初代藩主藤堂高虎は目を患ったが修験者が大峯山で高虎のために祈願すると回復したという。 それゆえに上野天神祭り[1]では鬼行列は大峯入りを表し役行者と鬼が登場する。 今なお伊賀では行者講が行われて先達が新たな修験者を連れて大峯山に参拝する。

　「萬川集海」に記される隠忍の上手、 音羽ノ城戸は西音寺の役行者像を崇拝していたと伝わる。 城戸は土橋の原田杢、 印代の判官と織田信長の暗殺計画を企てた。

　天正伊賀の乱終結後に必ず信長自ら伊賀へ視察に来るだろうと3人の忍者は敢国神社付近の森で待ち構えていた。 ついに信長が現れ火縄銃で狙いを定め撃った。 しかし運にも恵まれる信長は弾が頬をかするだけで済む。 家来達は血相を変え必死に追うが、 3人は飛ぶ鳥のように逃げ去ったと「伊乱記」に記されている。

(1) 伊賀市菅原神社で行われる秋祭。 ユネスコ無形文化遺産国重要無形文化財。
(2) 伊賀市一之宮にある式内社。 少彦名命と金山比咩命が配神とされる。

9 百地砦
<small>ももちとりで</small>

丹波守由緒書に興
味深い伝承がある

　中世城館の砦跡で伊賀市喰代にある。 百地丹波守居城址と伝わる。 丹波守は三大上忍の一人だ。 百地砦には丸形池があり一族がここで水練をしたという。 池はその名の通り丸く初夏には蟇蛙（ひきがえる）の声が聞こえる。

　このような砦跡は伊賀に695も存在した。[1] 群雄割拠（ぐんゆうかっきょ）していた証拠だろう。 百地砦は土塁（どるい）もよく残り要害堅固であったことがうかがえる。 本丸土塁には矢竹が見られた。 弓の矢を自からの城で自給していた証拠になる。

　室町時代末の「木津家宮座文書」に「喰代もも地殿」とありこの頃から百地の名は知られていた。「百地家由緒書」[2] に興味深い伝承が二つある。 一つは系図に松尾芭蕉の名が記される。 芭蕉が忍者の筋の者ということ。

　もう一つは「式部塚」。 この塚は砦から少し離れた西側の鬱蒼（うっそう）とした林の中にある。 奈良にいた式部が喰代に丹波守を訪ねてきた時、 百地本妻に殺され井戸に投げ込まれた。 そこが式部塚と呼ばれる。 塚に鋏（はさみ）を供えれば夫や恋人の悪縁が切れる浮気封じの塚として有名だ。 今なおこの塚前には多くの鋏が供えられている。

<small>（1）伊賀市在住の中世城館研究家福井健二氏による。 2023年12月現在の情報。
（2）甲賀市土山の「百地家由緒書」の冒頭に式部塚の縁起が記されている。</small>

10 石川五右衛門

天下の大泥棒は百地三太夫の弟子

　安土桃山時代の大泥棒。文禄３年（1594）豊臣秀吉に捕えられ京都三条河原で釜茹の刑で子どもを含む一族も処刑された。『言経卿記』(1)に記され五右衛門が実存していたことがわかる。18世紀中頃からは忍者として歌舞伎で大蝦蟇の上で巻物を口にくわえ印を結ぶ五右衛門が有名になった。

　忍者として伝わるのが『賊禁秘誠談』に五右衛門が百地三太夫の弟子として忍術修行をしてたが三太夫の本妻と密通して式部を井戸に投げ殺した。京都に逃げるが足手まといとなった三太夫の妻も切り捨て、石川五右衛門と名乗る盗賊となったとある。

　創作だが作者は伊賀に縁のある者だろう。石川は北伊賀阿山にある。この地は忍びが多く産出しており三太夫がいた喰代にも近い(2)。あながち五右衛門が忍者と何ら関係があってもおかしくない。最近はアニメ『ルパン三世』、小説『忍びの国』、映画『GOEMON』に五右衛門は登場している。これからも忍者五右衛門はまだまだ注目されるだろう。五右衛門風呂は若者にはわからないだろう。

(1) 山科言経の日記。イエズス会宣教師の『日本王国記』にも同様の記述がある。
(2) 北伊賀では音羽ノ城戸、隣村では楯岡道順を初めとする５名の伊賀者がいた。

11 荒木又右衛門

忍者に不向きで
剣の道に進んだ

　伊賀の荒木には「荒木又右衛門誕生の地」の大きな石碑がある。又右衛門の幼名は服部丑之助。忍者の名門服部一族だった。又右衛門は背丈が6尺あったため忍者に不向きで剣の道に進んだという。忍者は大男には不向きということだ。柳生新陰流の門下に入り剣修行を続け、剣術の腕前が認められ大和郡山藩剣術指南役250石に取り立てられた。

　又右衛門が名声をあげたのが鍵屋ノ辻の仇討ち。寛永11年（1634）又右衛門と義弟渡邊数馬は伊賀上野城近くの鍵屋ノ辻で川合又五郎一行と数時間におよぶ決闘が行われ、又右衛門の助太刀もあり数馬は又五郎を討ち取る。その際に又右衛門は36人を斬ったと伝わるが、誇張した俗説で実際は2人だった。

　この仇討ちは日本三大仇討ちの一つといわれる。4年後又右衛門は鳥取池田藩に引き取られたが、その数週間後に謎の死を遂げる。暗殺されたともいわれる。鍵屋ノ辻にはかつて「数馬茶屋」や「伊賀越え資料館」があったが建物の老朽化のため閉鎖されている。

(1) 一尺は約30cm六尺は180cm。江戸時代平均身長は男は157cm女は145cm。
(2) 他の二つは「曽我兄弟の仇討」、「赤穂浪士の討ち入り」。

12 観阿弥
かんあみ

能楽師は忍者として
諜報活動に好都合

　伊賀では中秋の名月の頃に上野城本丸広場で薪能が
行われる。　また木津川近くに観阿弥の妻の彫像がある。
観阿弥は伊賀と縁がある。　南北朝から室町時代にかけ能
楽は雑芸の猿楽から観阿弥・世阿弥親子により完成され
た。　足利将軍家が庇護した。　それは能の人生観、死生
観が当時の武士に共感するもので社交、情報交換の場
であったからだろう。

　昭和37年（1962）伊賀で発見された「上嶋家観世系図」
には観阿弥は忍者の名門服部一族の出自と記される。　し
かも悪党で有名な楠木正成の姉か妹が観阿弥の父服部
元成に嫁いでいる。　観阿弥が幕府お抱え能楽師になっ
た後、　母の素性を明かさなかったのは足利義満に敵対し
た正成の甥になる事実を隠すためだったという。

　忍者の変装術、七方出の一つに「猿楽師」がある。
能楽の興行は各地を転々と移動したので諜報活動を行う
には好都合であった。　世阿弥は「風姿花伝」の最後に「秘
する花を知ること。　秘すれば花なり。　秘せずは花なるべ
からず」と記している。

(1)　昭和50年（1975）観阿弥の子孫永富家が建立した。　大内の木津川沿いにある。
(2)　天正10年（1582）家康伊賀越えで徳川家康を助けた養笠之助も能楽師だった。

53

13 御庭番

佐平次は薬草探索
で全国を跋渉した

　江戸幕府8代将軍徳川吉宗[(1)]が設けた隠密を御庭番と呼ぶ。 吉宗直属の忍者と考えればわかりやすい。 表向きは屋敷の庭を清掃する役目だったが、 吉宗から内密の指令があれば諸大名の領地や目的地に潜入し動静や藩の状況を探り報告した。

　吉宗が江戸に将軍として来る際に、 紀州藩薬込役と馬口之者を連れて幕臣として召し抱えた。 その役職は伊賀者と御庭番であった。御庭番の方が江戸幕府伊賀者より、探索し情報収集する忍者に近いだろう。 御庭番は26家が世襲した。 その後22家となり幕末に至る。

　御庭番の中には上記の役目以外に薬草を探すために全国の山野を跋渉した者がいた。 紀州藩の植村左平次であった。 吉宗は薬草の輸入を抑えるために国産本草の育成に力をいれていた。 吉宗は左平次に対し本草学者の丹波正伯が彩薬時の従者としての役目を申しつけた。[(2)]

　左平次は朝鮮人参を探すため忍者の修行地といわれる伊賀南部にある赤目四十八滝にも訪れている。 赤目四十八滝には様々な薬用植物が自生している。

(1) 在職 1716-1745。紀州藩主だったが幕府将軍位を継いで享保の改革を行った。
(2) 江戸中期の本草学者。 伊勢国松阪に生まれた医者で各地の彩薬調査を行う。

14 楠木正成
くすのきまさしげ

ゲリラ戦術を駆使、
京都で忍者を使う

　楠は木偏に南なので南から渡来した樹木。　神社仏閣、庭園、街路樹としてお馴染みだ。　木全体に芳香を放ち、このことから「臭し」あるいは「薬の木」が語源という。

　楠から精製した樟脳は防腐、防臭だけでなく、カンフル剤としても医療にも利用された。　樟脳は忍術書「萬川集海」には狼煙の材料としても記されている。

　この木を姓にした楠木正成は、後醍醐天皇に応じ兵を挙げる。　大阪南部にあった河内千早城で鎌倉幕府軍と戦い幕府打倒に貢献した。「萬川集海」には正成は忍者を使い京都で情報収集をしたとある。　正成ゲリラ戦術は石、丸太、糞尿を崖から落とす。　油をかけ火を放つ。城に人形の兵を作り鎌倉幕府軍を攪乱した。　忍者はゲリラ戦術を得意とした正成を尊敬した。　正成の家紋は「菊水紋」。　菊が流水の上に半ば浮かび出たデザインだ。

　菊紋は公室紋で後醍醐天皇が正成に授けるが、恐れ多いと半分を流水にしたという。　正成は建武元年（1334）建武新政で天皇を助けて要職に就くが２年後に兵庫湊川の戦い(2)で足利尊氏軍と戦い敗死した。

(1)　鎌倉末期・南北朝時代の天皇。　親政を志し北条氏を滅ぼし建武新政を成就。
(2)　九州から北上した足利尊氏の軍が新田義貞・楠木正成らを破った戦い。

15 服部半蔵

三河で生まれ鬼半
蔵は忍者の頭領

　服部半蔵正成は江戸で活躍したが半蔵は伊賀忍者の
代名詞なので第2章にした。　徳川家康を助けた「徳川
十六神将」の一人。　半蔵の父保長は伊賀の出自で三河
に移り家康の祖父松平清康、　父広忠に仕える。　半蔵は
伊賀でなく三河で生まれ育った。

　「寛政重修諸家譜」に半蔵は16才の時に初陣。　遠江
掛川城攻め、姉川の合戦、三方が原の戦い等に戦功あっ
た。　新宿区西念寺に半蔵墓碑と家康より拝領した槍が残
る。　槍は地震で先端が折れたが258cm、　重さ7.5kg。
実は半蔵は槍の名手で「鬼半蔵」と呼ばれた。

　天正10年（1582）本能寺の変で半蔵は家康一行に同
行し家康伊賀越えの際に活躍したという。　資料は残って
ないが伊賀の徳永寺に服部一族を集め、半蔵の力で「家
康艱難の危機」を切り抜けた。　半蔵は忍者と言うより忍
者の頭領で武将だ。　八千石を知行、　与力30騎・伊賀
同心200人を支配した。　東京メトロ半蔵門線の「半蔵」
は「江戸城半蔵門」からその名が来ており、　半蔵の名
が今なお現在に残っている。

（1）服部半蔵の槍と半蔵墓碑は品川区の文化財。
（2）伊賀市柘植町の浄土宗の寺。　家康より寺周囲の土地譲与と葵紋使用を許される。

3章　八王子の忍者

伊賀越えで忍者の支援をうけた家康が、縁起
のいい陣鐘を求めて落城直後の高山城にきたと
いう文書と鐘も見つかった。そんなわけで八王
子で最近、忍者の話題で盛り上がっている。
話題の性質上、史実が少ないので異説や新説
があれば教えてほしいと思う。

1 風魔忍者 敵のスパイを探せ

八王子城落城を知らせに小田原に常盤対馬が馬で出発

　対馬は城を囲んでいた武者の鉄砲にたちまち馬ごと撃たれてしまった。対馬の一子、小太郎が「この私に小田原への伝令を」と願い出た。城代の横地監物も迷ったが小太郎に伝令を託すことにした。小太郎が出発してすぐに鉄砲が雨のようにおそいかかり、小太郎も馬とともに撃たれてしまった。その時、馬に乗った小太郎が八王子城の上空に舞いあがった。小田原城[1]の上空に馬に乗った小太郎が現れ、北条氏照に八王子城の落城を伝え、消えたという伝説がある。

　馬が空を飛ぶはずがないので、実際には北条に風魔一族の風魔小太郎という忍者がいたため、その者が小田原に走ったのであろう。

　風魔一族は代々北条に仕えた忍者である。風魔で使われていた、「立ちすぐり・居すぐり」という合言葉を使った戦法が変わっている。立っている時に合言葉を聞いたら座り、座っている時には立ち上がるという方法で、これを知らない敵の忍者はやられるという。八王子城合戦の折り忍者は裏手で少人数で大活躍した。

（1）小田原城は今の小田原市にあり北条の政治の中心。

58

2 大久保長安 も忍者か！

八王子を作った男

　芭蕉は忍者でなければ歩けないほどの距離を歩いたこともあるらしい。八王子城ふもとから今の市の中央に移し、町立てや浅川の治水工事をしたことで知られている長安[1][2]も、忍者ではないかと思われるふしがある。武田信玄の家臣だった長安は後世武田十勇士のモデルになった真田忍者とも交流があったのではないかと思われる。家臣になる前から猿楽師ということもあり、全国を歩きまわっていたことも忍者ではないかという理由の１つである。

　八王子で活躍後は、キリシタンとの交流で、海外の新技術情報を集め、全国の銀山、金山の開発や再開発にも活用し徳川幕府の財政基盤を確立した。残念ながら死亡後に悪人として一族が抹殺された。石見銀山が世界遺産になったのをきっかけに長安の実績が評価され始めた。八王子でも、最近NHKの「ブラタモリ」で放送されたのをきっかけに市民にも少しは知られるようになった。

　石見銀山でも世界遺産になるまではガイドが残念ながら悪人として紹介していたらしい。

(1) 大久保長安は八王子で活躍後徳川の財政基盤を作った。
(2) 長安のイラストは長野美穂氏による。

3 土製撒菱 八王子城から出土

八王子城は戦国時代の城で100名城[(1)]に選出

　昭和から平成にかけて、城跡からイタリアのベネチアのレースガラスをはじめとする多くの遺物が発掘された。令和になって、埼玉県の嵐山史跡の博物館で開催された企画展「忍びの者」で、八王子城から出土した土玉が撒菱ではないかとの説が発表された。通常の撒菱は、先端に突起のある金属の菱形の武器で、足に刺さって歩行を妨げるものである。

　この説は、NHKの番組「歴史探偵」で特集され、注目を集めた。現在では、八王子の郷土資料館で展示されている。八王子城の御主殿の入口で突起のある土玉が発掘されていることから、草履や裸足の敵を足止めするために撒いたのではないかと考えられている。忍者が撒菱を使って八王子城の攻防で活躍するシーンを想像するのも楽しいものである。

　しかし、八王子城の土製撒菱は、ドラマ、小説のように忍者の武器として使用されたかどうかはよく分からない。

(1) 東京では江戸城と八王子城が百名城である。

4 天狗 と忍者

高尾山には天狗いっぱい

　高尾山には天狗の像があちこちにあり、パンフレットには天狗のイラストも多い。天狗印の商品もあり、天狗パンツまである。本尊も天狗の顔をしているが、鼻の長い天狗ではなく烏天狗。長く赤い鼻の天狗は近世になってからのようである。(1) 高尾駅のホームでは大きな石像が登山者を迎えてくれる。

　高尾山の神は飯綱神という北信の戸隠飯綱山にある日本のオリジナル神らしい。ここで修行すると「飯綱の法」という、武術、忍術、魔法、妖術、呪術などを取得できるという。伊賀、甲賀の忍者からも忍法の神として信仰されていた。戦いの神として武田信玄、上杉謙信などの武将にも厚く信仰された。

　「飯綱の法」の開祖は「千日太夫」という親子である。この親子は天狗らしい。飯綱山は天狗界の大物「飯綱三郎坊天狗」の本拠地らしい。この地から伊賀、甲賀の守護職となったのが望月三郎広重（甲賀三郎兼家）だ。

(1) 天狗の赤く長い鼻は外国人を模したものという説もある。

5 高尾山 修行者がいっぱい

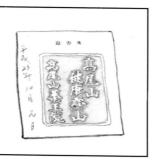

朝早く高尾山に登ると、下りの人と会うことが多い

　昔修験者が修行したという高尾山[(1)]に、毎日登っている人は朝が早いみたい。ある時、ケーブルで下った時に話した女性は上りは歩くが、下りは定期を持っているという。電車で帰り、朝ごはんを食べてからまた登るという。毎日1日2回、登るとのこと。健康登山で登る度にハンコを押してもらい、21回で1満行、100満行で成満といい2100回登ったことになる。成満達成者が100人以上いるらしい。

　仲間には高尾山に加え、百名山を達成した人、北岳に100回以上登った人、東海自然歩道を高尾山から大阪の箕面（みのお）まで踏破した人もいる。忍者並の修行をしている感じがする。そういう私は週1回程度登っていたが、最近は月1くらいになった。

　私が若いころ諏訪（すわ）に転勤した時に、暇なので山やスキーに2年間で100日行っていた。毎日ご飯が美味いと感じた。訓練しているといざという時に体が反射的に動くことを経験した。滑落した時にスローモーションになり、対応ができた経験がある。

(1) 高尾山は登山人口世界一で年間300万人が登る。

6 千人同心 と長安

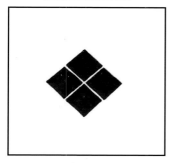

忍者は農業をやり
ながら、いざとい
う時には戦う

　八王子城落城後、八王子は家康の領地になった。江戸を甲斐（かい）から守るために、行政の場を八王子城から今の八王子中心市街地に移した(1)。代官所を設置し、代官頭の任に大久保長安が着いた。代官所の周辺に多くの寺を配置し、いざという時には兵を集められるようにした。

　兵は半農半士の千人で構成され、千人同心と呼ぶことにした。忍者も半農半士でありよく似ている。長安の家臣となった千人同心は、武田の武士がが参加している。中には武田で有名な忍者も含まれていたのではないかと思われる。

　江戸時代になり、忍者は現代のガードマン、消防関係の仕事をしたようだ。千人同心は日光の消防関係の役目をしたようであり、北海道の開拓などにも参加した。現在は日光市と苫小牧市（とまこまい）は八王子市と姉妹都市になっている。先祖が千人同心という人が八王子に多く住んでいる。蛇足だが、台湾に高雄という市があり、高尾と読み方が同じということで、姉妹都市として交流している。

(1) 八王子城は東京の西端にあり小田原城の詰城。

63

7 啄木鳥 戦法

八王子城は高齢者、女性、子供では防げず落城

　啄木鳥戦法とは啄木鳥が木をトントンと突き、虫が出てきたところを捕まえる戦法である。戦国時代信玄が滝山城を攻めるために多摩川に陣をしいた。武田軍勢が通用道の鎌倉道から攻めてくると思っていたら、突然けもの道を通って小仏峠から武田軍が攻めてきた。

　敵地の地理に詳しい忍者が先導したと思われる。小仏からの敵侵入の情報を忍者が流したのかも！慌てた氏照軍が対応を始めたところ、廿里要害にいた武田の小山田信茂軍の約千人が5つの軍に分かれて攻め入り、氏照軍は攻め込まれた。これをきっかけに本隊の留守をつかれて、滝山城は落城寸前だった。「甲陽軍鑑」[1]に面白おかしく書かれてしまった。

　廿里要害は八王子の森林科学園のところにあり、廿里は鎌倉まで十里、秩父にも十里という意味である。この戦いは鉄砲戦にも対応した、攻めにくい八王子城を作るきっかけになったといわれている。

(1)「甲陽軍鑑」は武田の戦略、戦術を記した軍学書。

64

8 独楽は忍者の武器か！

日本では江戸時代から江戸独楽(1)の芸があった

　子供のころよく独楽を使って遊んでいた。 大人になって正月に独楽の展示を見て懐かしくなり、 旅行、 出張などで独楽を集めていたら、 500個以上になった。 ミニコミ紙に八王子の中学生が世界独楽大会でチャンピオンになったという記事が載っていた。

　集めた独楽を寄贈しようと連絡したら、 その子の親も独楽のマニアで令和5年に世界独楽大会を八王子で主催するという。 大会では寄贈した独楽も展示された。 大会では独楽を投げたり、 回転させたりの凄い技に驚いた。 これを見て武器として忍者が使えると実感した。 独楽を武器として使っている歴史ドラマ、 小説を見たことがある。 江戸や神奈川では独楽がいっぱい作られている。 八王子でも忍者が使っていたかも！ 八王子に近い昭島に、10年くらい前まで、 東京でただ一人の江戸独楽職人、原茂鵬松が住んでいた。 全国の独楽を紹介する図鑑を作ろうと相談していたが、 残念ながら夢で終わってしまった。

(1) 江戸独楽は室内で回す独楽で色彩が美しいのが特徴。

9 手拭い 登山に便利

高尾山は汗をふき
ふき現代の忍者が
登る

　忍者は普段使っている日常品を道具や武器として使用していた。　忍者がつかう道具として「忍び六具」がある。　編笠、火種、筆記具、鉤縄、薬、三尺手拭い[(1)]の6つの道具だ。　高尾山をガイドしていると靴底が剥がれることが多い。　高尾山のビジターセンターへの相談事で多いのがこれらしい。　靴底の剥がれの対策として役立つのが、忍者が使用していた手拭い。　手拭いを裂いて使うのがいい。　紐では細くて役に立たないが、手拭いは幅があるので、下山までの暫定対策に有効である。　三尺手拭とあるが、長さは今も殆ど同じようである。

　日常生活ではタオルが使われていて、手拭いは殆ど使われないが、登山では水を含んでも軽いので汗拭きに重宝。　はちまきにしたり、包帯としても使用できる。

　ハイキングの他に、高尾山での修行は希望すれば、一般の人も滝行ができるので、挑戦してみてはどうだろうか。　高尾山では幼稚園児から高齢者まで、現代の修行者が年間300万人もハイキングを楽しんでいる。

(1) 手拭は今は神社の祭りで配布されるくらいであまり使われない。

4章　忍者コラム

　忍者の子孫宅を訪れたことやシーボルトを知る
ため、沢村家文書のオランダ語を理解するた
めにオランダに行った。私の行動力は忍者研
究のおかげだ。忍者の子孫はけっこう成功して
いる。子孫は先祖が残した生存術を家訓として
受け継いでるのだろう。

1 双忍の術

八右衛門が陰陽両術で賭けに勝つ

【山田と敢国神社】

　「萬川集海」に忍びの上手山田八右衛門のエピソードがある。　山田は旧大山田村のこと。　この地区は中央を服部川が流れる。　名阪国道一宮IC近くに敢国神社(あえくに)がある。私の近所の地名なのでその経路がわかる。

　八右衛門はある男と賭をした。「一宮祭礼日の白昼にお前の刀を盗み取る」その男は「バカな、できるはずがない」と高を括(くく)っていた。　しかし八右衛門は見事その賭に勝った。　どのようにして八右衛門は男の腰の刀を奪い取ったのだろうか。

【変装術】

　当日八右衛門は蓑(みの)と笠をつけて家を出た。　刀の持ち主の男は八右衛門から目を離さないように後をつけた。　八右衛門は一軒の家に走り込み、　自分と同じ姿格好をさせて待たせていた弟子を裏口から出させた。

　弟子は近くの岩の上に腰をかけた。　男もしばらくはその岩の上の偽(にせ)八右衛門を見ていたが、　知り合いの者が近くにいたので代わりに見張ってもらうよう頼んだ。　男はすぐに敢国神社に向かった。

 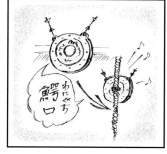

【敢国神社】

　敢国神社は祭礼日だったので人でごった返していた。男は念のため辺りを見回すが八右衛門がいなかったのですっかり安心した。この時すでに八右衛門は老婆に変装し社殿に掛けてある鰐口（わにぐち）の下で待っていた。

　そこへ男が現れた。神前で鰐口を鳴らす時に賽銭箱（さいせんばこ）の後ろから八右衛門がすばやく男の刀を抜き取る。群衆の中なので男は刀を抜き取られたことも知らず、後で八右衛門に刀を見せられて驚いてしまう。

【分析】

　八右衛門が賭に勝ったのは5つの要因があった。①忍者2人の連携プレーこの忍術を双忍の術という　②弟子の忍者を八右衛門に変装させた　③八右衛門自身も変装した　④しかも老婆に変装した　⑤敢国神社の祭礼日を混むことを見越してこの日を選んだ

　八右衛門は大坂夏の陣に参戦簿に名がある。この話しは400年以上前のこと。八右衛門は隠陽両術（いんよう）を使った。相手を欺く（あざむ）ためには用意周到で相手の虚（きょ）をつく。忍者が勝ち残るために様々な効果を考えた好例の一つだ。

2 黒船の手紙？

黒船探索の記録と
謎の便箋

【忍術と伊賀町】

　忍者研究のきっかけが『伊賀町史』の「忍術と伊賀町」という沢村保昌先生の論考だった。沢村家は名阪国道壬生野ICに近い川東にある。

　二千坪の屋敷で地元では「忍者屋敷」と呼ばれるが先生はこの言葉を嫌った。曾祖父甚三郎は藤堂藩伊賀者忍び役と話された。嘉永6年（1853）にペリー提督率いる米国黒船が浦賀に来航した時、甚三郎が役に選ばれ艦上に行った。密かに忍び込んだのではなく幕府使者と一緒に艦上に堂々と乗り込んでいる。

【手紙の内容】

　黒船からの手紙の一通は甚三郎の生い立ちや黒船に乗船し煙草、パン、蝋燭を持ち帰ったことが記るされる。他の二通はオランダ語で書かれた便箋。

　「イギリス女はベッド上手「フランス女は家事上手」「オランダ女は料理上手」とあり「日本女は何が上手か」と聞きたかったか。もう一通には「静かな川は底が深い」甚三郎が何を考えているかわからないからか。しかし甚三郎はオランダ語を話せたようだ。

【百聞は一見に如かず】

　本物を見なければいけない。 見たことがなかったが、ロシアの友人が日本を去るので沢村家を訪れたいと言った。 そこで沢村家を訪ね「沢村家文書」を見たいとお願いすると見せてくれた。 駄目元が上手く行った。

　この便箋を初めて手にして日光にかざして見るとなんと「透かし」があったのだ。 その透かしには「1856」の年号があった。 黒船来航の3年後である。『伊賀町史』に書かれていた黒船からの手紙ではなかった。

【東インド会社の便箋】

　興味深いことがわかった。 透かし入り便箋はイギリス東インド会社のものだと判明する。 経済学者で著名なイギリス人ミルが東インド会社で働き同じ便箋を使っていた。 ミルの研究者がこの便箋を言及していたのでわかった。

　甚三郎はイギリス人と接触してこれらの便箋を手に入れた。 どのタイミングか。 おそらくは日米和親条約が締結し後、 他の外国人も日本に訪れるようになり、 甚三郎がイギリス人の護衛のような役割をした時か。

　自分の目で確かめる事は重要だとあらためて痛感した。

3 陰陽師宮杉

道順は陰陽師に
占ってもらい佐和
山城攻略に成功

【変装術】

　忍術書『正忍記』に「七方出（しちほうで）」『萬川集海』に「四方髪（よもがみ）」という名称の変装術がある。 情報収集のためだけでなく敵方に潜入するためにも変装術は忍者に重要であった。変装は別人になるようにさまざま工夫がされていた。

　『萬川集海』に記される忍術名人の筆頭格、楯岡道順の変装術は「妖者の術（ばけもの）」と呼ばれていた。『校正　伊乱記』には道順は潜入術が長けた忍者と説明され、道順には難攻不落の城も簡単に落ちると記されている。 まさに「化け物」的な存在であったのだろう。

【佐和山城攻略】

　永禄4年（1561）近江国守護の六角義賢（ろっかくよしたか）を裏切った百々隠岐守（どど　おき）が佐和山城に立て籠もっていた。 そこで義賢は道順に佐和山城に忍び込み火をつけろと命令する。道順は部下と共に敵兵に警戒されないように下賤な者（げせん）に扮した変装術で白昼堂々と城に潜入することができた。

　あらかじめ用意した百々家の家紋入りの提灯（ちょうちん）をぶら下げて敵兵を安心させたかと思うと、 城内のあちこちに火をつけ始めた。 火の手が上がるのを合図に、 義賢の軍勢が一気に城内になだれ込み百々は自刃することになった。

【陰陽師宮杉】

　忍者も戦いに行く時は恐怖心があった。 戦う時はいつが良いのか、 その吉凶を知りたかったのは当然だろう。 伊賀北部湯船に有名な宮杉という陰陽師がいた。

　宮杉は道順に戦いの占いを頼まれる。 宮杉は次の歌を贈る。「沢山に　百々なる雷も　いがさき入れば落ちにけるなり」「いがさき」は道順の苗字伊賀崎。 歌には見えざる霊力が秘められ戦勝を占ったのだ。 道順も喜び宮杉に金子を与えたと「萬川集海」に記される。 戦国期の陰陽師は軍師的な役割もしていたのだろう。

【平泉寺】

　「五郷山平泉寺」と号し室町時代文安年間に創建。 文禄年間に専誉上人の時に中興。 現住職とは親しく情報をよくもらう。 ある時住職から寺に大きな位牌があるが調べて欲しいと言われ所持する資料から藤堂高虎と高次の位牌と確認でき新聞にも取り上げられた。

　平泉寺も「萬川集海」に記され宮杉一族墓碑が並ぶ。 入口には子孫の屋敷もある。 近くには「伊賀の手作りモクモクファーム」という農業公園があり人気を博する。

4 忍者シーボルト

医術を使い自由を
獲得する。植物学
者でもあった

【オランダ人ではない】

　文政6年（1823）にシーボルトは長崎へ到着した。憧れの日本についに来た。出島に来た時のこと。オランダ語に精通していた通詞がシーボルトのオランダ語を聞いた時違和感を持ち「本当にオランダ人か」としつこく尋ねる。

　シーボルトはドイツ人だった。そのことがばれると日本にいられない。「私はオランダの山の出身なので標準語のオランダ語でない」とごまかす。「山オランダ人」と理解された。臨機応変の応答だ。忍者は常に瞬時の判断力が必要だ。シーボルトは忍者と同じ資質を持っていた。

【出島を自由に出られる】

　シーボルトは来日3ヶ月にもならない時に叔父への手紙にオランダ語で医学の講義を行う。人生でもっとも幸福な日々を送っているとある。出島からはオランダ人も例外なく出られなかった。しかしシーボルトは患者を治療したり薬草を探索するため定期的に出島を出る許可を得た。

　弟子は次第に増え翌年には長崎鳴滝に医療に必要な薬草を育てる土地を取得。全国から集まった医者に医学を教える日本初の西洋医学の私塾「鳴滝塾」を開く。シーボルトは自由に出島から出られた。

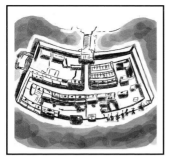

【植物学者】

　シーボルトは最初植物、薬草を収集した。彼の「薬効植物論」に西洋の百種の薬草を解説している眼科医の土生玄碩（はぶげんせき）に瞳孔（どうこう）を広げる点眼薬（てんがんやく）を作る植物を教えた。玄碩は幕府から与えられた紋服を礼として渡したほどだ。

　その後シーボルトは動物、陶器など幅広く興味を持ちコレクションを増やす。オオサンショウウオを大変気に入り生きたままオランダに送った。彼の好奇心はどんどん膨（ふく）らみ、ついに禁止されている物まで手を出してしまう。

【シーボルト事件】

　文政11年（1828）にシーボルト帰国の際に国外持ち出し禁止の日本地図が見つかり贈った幕府天文方高橋景保（たかはしかげやす）をはじめ十数人が処分された。翌年シーボルトは国外から永久追放処分になるが日本研究を諦めない。

　驚くのは30年後の安政6年（1859）に日本に再来する。私はシーボルトを調べるためにオランダライデンにあるシーボルトハウスを訪れた。そこで日本の江戸時代にタイムスリップした。動植物標本、陶器、鍼灸人形（しんきゅう）、日本地図。ホルマリン漬（づ）けオオサンショウウオもあった。

5 囮峠越え

家康一行甲賀者も
使い最短距離の伊
賀越え

【伊賀越え3日目】

　徳川家康一行が堺から京都に向かう途中、織田信長
自刃のことを茶屋四郎次郎から聞く。一行は急遽伊賀越
えで三河岡崎に戻ることを決めた。初日は宇治田原郷之
口の山口城、翌日は甲賀信楽の小川城に泊まる。

　移動距離が初日に比べ短い理由は伊賀を通過するに
は慎重に計画する必要があった。前年に織田信長軍が
伊賀を壊滅状態にした天正伊賀の乱のためだ。また前
日が早朝からの逃避行で相当に疲れていたからだろう。

【最短距離で生還を目指す】

　実は伊賀越えの道は私の前任校の通勤経路だった。
長年毎日使ったこの道を熟知している。何度も自分の脚
でフィールドワークをした。さもないと机上の空論になる。
特に信楽から水口南を経て油日から柘植に抜ける甲賀越
えの経路を主張する人がいる。どう考えても遠回りだ。

　最近は大和越えも可能性がある馬を使えば可能だと言
うが論外だろう。仮に馬35頭を準備できたとしても全員が
馬に乗れるのか。落ち武者狩りもいた危険な状況で一刻
も早く戻る必要があった。そのためには最短距離で真っ
直ぐ東への岡崎生還を目指した。

【信頼できる資料の行程】

　私は甲賀者も伊賀越えに貢献していると肯定している。特に御斎峠付近までは甲賀者多羅尾が関わった。御斎峠の通過をあげる『徳川実紀』は行程が矛盾している。

　信頼できる伊賀越え資料『石川忠総留書』の「小川、向山（神山）、丸柱、石川、川合、柘植」、『伊賀旧考』「家康公伊賀路御通」の「小川、江田、神山、丸柱、音羽、波敷野、川合、御代、下柘植」の行程が合理的だ。桜峠越えが家康一行本体の選んだ伊賀越えだ。

【甲賀者の戦術】

　関宿の服部亜樹氏は忍者の末裔。服部さんに甲賀関係の文書を見せてもらう。そこに「おとぎ峠」の語句があり家康を守ったとある。服部家は伊賀玉滝の出自だが甲賀深川に移った。つまり伊賀者であり甲賀者だった。

　御斎峠近くに「十王地蔵」という石仏があった。今は多羅尾の浄顕寺にあるが一体が欠ける。立札に「一体欠ける伝あり」とある。岡崎に生還の際、駕籠に家康の身代わりの石仏を使ったという。甲賀者の囮を使う別働隊だ。だから私は御斎峠越えを「囮峠越え」と呼ぶ。

参考文献　池田裕

・「萬川集海」沢村本・貝野本・川上本他
・「萬川集海」「正忍記」国立公文書館蔵
・「忍秘伝」沖森文庫
・「参考伊乱記」個人蔵
・「伊陽旧考」伊賀上野図書館蔵
・「伊賀郷土史研究5」伊賀郷土史研究会
・「伊賀の暮らしの文化探検隊　vol.9. vol.8. vol.9」
・「伊賀忍者真説49の足跡」「伊賀流忍術秘書」
　伊賀びとのおもい実現委員会
・『多門院日記』第三巻　角川書店
・『角川日本地名大辞典　24　三重県』角川書店
・『伊賀史叢考』『無足人の研究』久保文武
・『公室年譜略』『三国地志』上野市古文献刊行会
・『国史大系　徳川実記　第一篇』
・『大日本史料　第十一』吉川弘文館
・『伊賀町史』伊賀町
・『三重県の地名』平凡社
・『忍者の教科書』『忍者の教科書2』『忍者文芸研究読本』
　笠間書院
・『万川集海』『忍秘伝』『正忍記』国書刊行会
・『忍者の生活』雄山閣
・『忍者はすごかった』幻冬舎新書
・『忍者とは何か』角川選書
・『忍者学研究』中央公論新社
・『実践忍術の手引き』BABジャパン
・『歴史の道を歩く』岩波新書　他

参考文献　遠藤　進

・『実相　忍び者』嵐山史跡の博物館
・『スキャンダラスな神々』龍鳳書房
・『戦国の城攻めと忍び』吉川弘文館
・『明治の森国定公園　高尾山ガイドブック』
　高尾登山鉄道株式会社
・『氏照と長安　家康が命じた八王子の町づくり』揺籃社
・『大久保長安に迫る』揺籃社
・『長安さまのまちづくり』揺籃社
・『論集　代官頭大久保長安の研究』揺籃社
・『大久保長安　家康を創った男！』揺籃社
・『乱世！　八王子城』揺籃社
・『高尾山おもしろ百科』揺籃社
・『独楽あそび』平凡社
・『江戸独楽と日本のこま』揺籃社
・『独楽の世界』ホームページ

おわりに

　私が企画した忍者をサブテーマにした「氏照と長安
家康が命じた八王子の町づくり」をSNSで見た池田裕（ニ
ンニン）氏と繋がり、今回「忍者ってなんだ！」の出版
をすることができました。伊賀忍者研究会の代表で忍者
研究家の池田氏との出版は初心者の私にはいい経験に
なりました。地元八王子で初心者向けの高尾山と八王子
歴史関係の本しか出版していない私には全国向けの本格
的出版は初めてであり、どう評価されるか楽しみです。

　インターネット、LINE、メール等を使った出版は初め
てでしたが、数回は直接会って交流し、なんとか完成に
漕ぎ着けました。偶然八王子にも池田氏とSNSで繋がっ
ている人が数人いました。それがきっかけで他の人にも
つながり、協力してもらいました。

　今までの多くの仲間や出版社のスタッフにも協力しても
らいいい本が出来たと感謝しています。あまり知られてい
なかった関東の忍者関係の紹介もさせて頂き感謝です。

　全国の読者に加え八王子の読者にも忍者の生き方が
実生活の参考になると思います。忍者を通じて八王子の
歴史に興味をもってくれることを期待しています。

遠藤　進